Aufgedeckt!

Richtige Antworten auf wichtige Fragen!

av BUCH

Sabine Bisovsky · Eva Unterberger

Aufgedeckt!

Gerüchteküche und Ernährungsmythen

Mit einem Vorwort von Bernhard Ludwig

av BUCH

Bildquellennachweis

Umschlag: Miguel Dieterich

fotolia.com: Seite10 Yuri Arcurs, 11 Carmen Steiner, 12 Benjamin Thorn, 13 Lianem, 14 Michael Pettigrew, 15 olly, 16 Sven Hoppe, 17 Lucky Dragon, 18 Monkey Business, 19 Ovidiu Iordachi, 20 anna karwowska, 21 Dron, 24 Irina Fischer, 26 Yuri Arcurs, 27 ExQuisine, 28 forestpath, 29 DerSchmock, 30 Yuri Arcurs, 31 Andrejs Pidjass, 32 Martti, 33 tomas del amo, 34 Jesús Arias, 35 Ewa Brozek, 36 Klaus Eppele, 37 ExQuisine, 38 jeecis, 39 re. Pictures4you, 39 li. Xavier MARCHANT, 40 Glenda Powers, 41 Monika Adamczyk, 42 Monika Adamczyk, 44 Irochka, 46 henryart, 47 iMAGINE, 48 Feng Yu, 49 eyeami, 50 Lucky Dragon, 51 rotoGraphics, 52 Eléonore H, 53 Eli Budak, 54 covado, 55 Mara Zemgaliete, 56 Sergio Stamerra, 57 Silvia Bogdanski, 58 Stefan Thiermayer, 59 photka, 60 Alx, 62 redhorst, 63 Silvia Bogdanski, 64 eyewave, 65 victoria p., 66 li. Carmen Steiner, 66 re. Bernd Kröger, 68 Andrey Armyagov, 69 Igor Dutina, 70 Twilight_Art_Pictures, 72 Hannes Eichinger, 73 Wojciech Gajda, 74 Liv Friis-larsen, 75, 76 Carmen Steiner, 78 robynmac, 79 unpict, 80 anshuca, 81 godfer, 82 NatUlrich, 83 L.S., 84 volff, 85 Olga Lyubkina, 86 Amir Kaljikovic, 87 Designer_Andrea, 88 Andre Bonn, 89 Sebastian Duda, 90 diego cervo, 91 chiyacat, 93 Sergey Danilov, 94 Andres Rodriguez, 95 blacksock, 96 Marc Dietrich, 97 robynmac, 98 Edyta Pawlowska, 99 Daniel Fuhr, 100 William Yeager, 101 Thierry Sourbier, 102 guukaa, 103 Nicole Effinger, 104 tororo reaction, 105 cantor pannatto, 106 Daniel Fuhr, 107 cantor pannatto, 108 Dmitry Sokolov, 109 yellowj, 110 Sergei Didyk, 111 Cate Frost, 112 Kzenon, 113 Daniel Fuhr, 114 Dmitriy Melnikov, 115 Arnimdoc, 116 Yuri Arcurs, 117 Yuri Arcurs, 118 contrastwerkstatt, 119 mike_experto, 120 Hallgerd, 121 Acik, 122 li. Veaceslav Popovici, 122 re. Dakota, 125 Natalie Bauer, 126 NiDerLander

istockphoto.com: Seite 43 AVAVA, 45 Yuri_Arcurs

Impressum

Die in diesem Buch veröffentlichten Aussagen sind von den Autorinnen unter größter Sorgfalt und unter Berücksichtigung der wissenschaftlichen Literatur (Stand Mai 2009) erarbeitet worden. Eine Garantie für deren Richtigkeit kann jedoch nicht übernommen werden. Eine Haftung für Personen-, Sach- oder Vermögensschäden ist ausgeschlossen.

Druck- und Verlagsges.m.b.H. Nfg. KG
Sturzgasse 1a, A-1141 Wien
E-Mail: buch@avbuch.at, Internet: www.avbuch.at

Die Deutsche Nationalbibliothek – CIP-Einheitsaufnahme
Die Deutsche Nationalbibliothek verzeichnet diese Publikationen in der Deutschen Nationalbibliografie;
detaillierte bibliografische Daten sind im Internet über http://dnb.ddb.de abrufbar.

Für die Richtigkeit der Angaben wird trotz sorgfältiger Recherche keine Haftung übernommen.

Aus Rücksicht auf die Lesefreundlichkeit wird auf die Anwendung der geschlechtergerechten Schreibweise verzichtet.
Bei ausschließlicher Nennung der männlichen Form gilt diese gleichwertig für Frauen und Männer.

Projektleitung: Alexandra Mlakar, avBUCH
Redaktion: Barbara P. Meister, gartenakademie.com
Umschlag & Layout: Ravenstein + Partner, Verden

Druck und Bindung: Westermann Druck, Zwickau
Printed in Germany

ISBN: 978-3-7040-2350-6

Inhalt

Inhalt

Vorwort

Lesen ganz nach meinem Geschmack!

Stellen Sie sich die letzten 1 000 Generationen vor: Das Leben war geprägt von Hunger, Appetit und Sättigung. Ähnlich wie heute, denken Sie. Schon, aber mit dem Unterschied, dass Essen nicht omnipräsent war. Das natürliche Hunger- und Sättigungsgefühl, welches uns Tausende von Jahren vor Krankheit und Tod beschützt hat, hat sich dem neuen Überangebot an Essen noch nicht angepasst, und manches Hirn scheint immer noch zu schreien: „Nimm was du kriegen kannst!"

Heute wie damals sind die Menschen nicht wirklich an Ernährung interessiert. Sie sind am Essen interessiert, und das können sie bereits. Erst wenn die Koronargefäße, die als Endlager für die täglichen Fettberge herhalten müssen, Probleme machen, taucht plötzlich Interesse auf. Dann vertiefen sie sich in unfreiwillig satirische Diätbroschüren, die in Summe schwerer sind als das Fett, das sie damit bleibend abnehmen werden. Diätwahnsinn gibt es in der westlichen Welt übrigens erst seit drei Generationen.

In dieser Zeit ist die Ernährungsinformation explodiert, für Experten genauso wie für Laien. Was nicht explodiert ist, ist das Wissen. Die Spezialisten auf dem Gebiet der Ernährung fühlen sich im Dschungel der Kalorien, Kohlenhydrate und Kochrezepte sicher. Ihre geistigen Ergüsse ziehen sich teils wie zähe Teigklumpen.

Dass aber Wissenschaft nicht trocken sein muss, sondern sogar unterhaltsam vermittelt werden kann, zeigen Sabine Bisovsky und Eva Unterberger. Ein sympathisches Augenzwinkern lockert dort und da ihre Texte auf wie Hefe den Teig.

Daher mein Appell an Sie: Schlagen Sie sich mit diesem überaus kurzweiligen Buch einen Weg durch den Ernährungsdschungel! Aha-Erlebnisse sind jedenfalls garantiert! Und: Verbannen Sie danach Schlacken endgültig als Stoffwechselfantasien des Gehirns ins Reich der Mythen. Im restlichen Körper konnte man sie noch immer nicht dingfest machen.

Viel Spaß!
Bernhard Ludwig

Ihr Bernhard Ludwig
Seminarkabarettist (www.seminarkabarett.com)

Warum denn noch ein Ernährungsbuch ...?

... fragen Sie wahrscheinlich. Die Frage ist angebracht, zumal es ja scheinbar genug Bücher gibt, die sich diesem Thema widmen. In vielen von ihnen werden von selbst ernannten „Fachleuten" in polemischer und zum Teil Angst einflößender Weise Unwahrheiten verbreitet. Diese sind mittlerweile als besonders hartnäckige Vorurteile in vielen Köpfen felsenfest verankert. Kein Wunder, sind doch Mythen und Fakten oftmals schwer auseinanderzuhalten.

Wir haben dieses Buch geschrieben, damit Sie sich im Dschungel der widersprüchlichen Meldungen in Sachen Ernährung und Lebensmittel besser orientieren können. Für alle, die täglich mehrfach zu entscheiden haben, was eingekauft, gegessen und getrunken wird, wollen wir Ernährungswissen „erlesbar" machen. Im Zuge der Recherchen haben wir uns zahllose Fachbücher und Studien vorgeknöpft. Außerdem wurden so gut wie alle vorliegenden Fragen mit angesehenen Fachexperten eingehend diskutiert. Unsere Antworten basieren daher ausschließlich auf wissenschaftlich untermauerten Fakten.

Wie auch immer Sie sich die Inhalte des Buches einverleiben – ob von vorne nach hinten in einem Stück, kapitelweise oder quergelesen –, wir hoffen, damit den kleinen Hunger nach korrekter Ernährungsinformation zu stillen.

Sabine Bisovsky und Eva Unterberger
Im Mai 2009
Ernährungswissenschaftlerinnen

Gewichtiges

Warum ist Fasten nicht zum Abnehmen geeignet?

Fasten kann bei stark übergewichtigen Menschen als Einstieg in eine Wende der Essgewohnheiten durchaus angebracht sein. Wer danach jedoch nicht wirklich grundlegend seinen Essalltag ändert, lässt besser die Finger davon.

Fasten versetzt den Körper in Alarmzustand. Er schränkt daraufhin alle Stoffwechselvorgänge ein – der Energiebedarf sinkt genauso wie der Blutzucker. Nach einer Fastenkur droht die rasche Gewichtszunahme, da der Ruheumsatz weiterhin vermindert bleibt. Die Bilanz des Hungerns ist so nüchtern wie der Magen: Der Körper verliert große Mengen Wasser, Eiweiß in Form von Muskelmasse, seine Kohlenhydratreserven, aber nur relativ wenig Fett. Wer dann rasch wieder auch nur sein Ausgangsgewicht erreicht, muss damit rechnen, dass er „fetter" ist als vor der Kur. Denn der Körper lagert die überschüssigen Kalorien nicht wieder dort ein, wo er sie abgebaut hat – in der Muskulatur –, sondern in den Fettzellen.

Hungern lohnt sich also nicht. Wer seinen Fettpolstern dauerhaft zu Leibe rücken möchte, muss nicht kurzfristig fasten, sondern seine Ess- und Bewegungsgewohnheiten für immer ändern. Das wird zwar nicht gerne gehört, ist aber simpel und erfolgreich. Um dem viel zitierten Jo-Jo-Effekt Einhalt zu gebieten, sollten pro Tag mindestens 1 200 kcal auf den Teller kommen. So wird man auf Dauer 0,5–1 kg pro Woche los. Ganz nach dem spanischen Theologen und Dichter Juan de la Cruz: „Besser ist es, die Zunge zu beherrschen, als zu fasten bei Wasser und Brot."

Gehen die Zigaretten, kommen die Kilos?

(Ex-)Raucher haben es nicht leicht. Bekämpfen sie ihr Laster, haben sie gleich das nächste am Hals – besser gesagt am Bauch. Deshalb sollte sich aber niemand davon abbringen lassen, dem Glimmstängel Adieu zu sagen. Denn im Vergleich zum Übergewicht stellt Rauchen das weitaus größere Gesundheitsrisiko dar.

Fakt ist: Starke Raucher haben einen um etwa 200 kcal erhöhten Energieumsatz pro Tag – das entspricht etwa 80 g Leberkäse. Dazu kommt, dass Nikotin das Hungergefühl dämpfen kann.

Ex-Raucher suchen oft nach einem Ersatz für die gewohnte Zigarette und schieben schnell einmal einen kleinen Snack oder eine Nascherei in den Mund. Die Gewichtszunahme beim Umstieg auf das Nichtraucher-Dasein scheint demnach unumgänglich. Mit folgenden Tipps wollen wir zukünftige Nichtraucher bestärken:

- Selbst wenn die Waage noch kein Kilo mehr zeigt – achten Sie jetzt ganz bewusst auf fettarmes Essen und trinken Sie weniger Alkoholisches.
- Vermeiden Sie Vorräte an Süßigkeiten zu Hause und am Arbeitsplatz.
- Knabbern Sie als Ersatz für die Zigarette Karotten, Paprika oder Gurkenstücke statt Schokoriegel oder Chips.
- Nutzen Sie Ihren feiner werdenden Geschmackssinn und verkosten Sie verschiedene Apfelsorten, neue Brote, unbekannte Salate, Öle und Essige.
- Tragen Sie sich zumindest zwei fixe Sporttermine pro Woche in den Kalender ein.

Selbst wenn Sie im Zuge der Raucherentwöhnung das eine oder andere Kilo zunehmen – lassen Sie sich davon nicht wieder zur Zigarette verleiten. Denn Rauchen ist und bleibt kein Mittel zur Gewichtsregulierung!

Gibt es eine Entschlackung?

Selbst wenn das Wort befreiende Bilder im Kopf erzeugt und immer wieder medial strapaziert wird – Schlacken kommen im Körper nicht vor, und deshalb kann man sich davon auch nicht befreien.

Das Wort „Entschlackung" kommt aus der Naturheilkunde und der alternativen Medizin. Man bezeichnet so das therapeutisch unterstützte Ausscheiden von im Körper angesammelten Stoffwechselprodukten. Als Maßnahmen werden Fastenkuren, Einläufe und andere „ausleitende Verfahren" praktiziert.

Schulmedizin und Ernährungswissenschaft sehen das anders. Im Stoffwechsel des Menschen fallen keine Schlacken an. Diese gibt es nur im Hochofen bei der Metallgewinnung oder bei der Abfallverbrennung. Der gesunde Körper scheidet Endprodukte des Stoffwechsels und Giftstoffe über Niere, Darm, Lunge oder Haut aus. Selbst wenn etwas Unerwünschtes im Körper zurückbleibt, wird man diese Reste nicht mit den oben erwähnten Methoden los. Das gilt für Ablagerungen in den Blutgefäßen genauso wie für Harnsäurekristalle in den Gelenken. Im Gegenteil: Fasten zum Zweck der „Entschlackung" kann sogar einen Gichtanfall auslösen und damit qualvolle Schmerzen verursachen. Werden unkontrolliert Abführ- und Entwässerungsmittel eingenommen, kann das den Mineralstoffhaushalt aus dem Lot bringen und letztlich Nieren- und Darmfunktion stören.

Außerdem belasten Darmentleerungen, die durch Bittersalz oder Einläufe herbeigeführt werden, die Darmflora. Diese guten (und notwendigen) Darmbakterien sind im Hinblick auf ein intaktes Immunsystem äußerst nützlich.

Schlagen Kalorien, die man abends aufnimmt, eher an?

Groß angelegte Studien zeigen, dass es unerheblich ist, zu welcher Tageszeit die Energie aufgenommen wird. Alleine die Energiebilanz ist ausschlaggebend. Dennoch ist die Frage bis heute nicht zur Gänze geklärt.

Abendliches Essen macht dick, so lautet eine häufig geäußerte Hypothese. Dabei ist gerade der Abend jene Tageszeit, zu der man sich endlich Zeit für eine gemeinsame Mahlzeit mit der Familie oder Freunden gönnen kann. Essen ist eben auch ein nicht zu vernachlässigendes soziales Ereignis.

Ob nun diese abendliche Kalorienaufnahme tatsächlich eher auf den Rippen verweilt als jene von tagsüber, wurde bislang nicht bewiesen. Eine abschließende Antwort auf die häufig gestellte Frage ist daher zum jetzigen Zeitpunkt nicht möglich. Logisch ist, dass eine Kalorie immer eine Kalorie bleibt – egal zu welcher Tageszeit sie einverleibt wird. Am Ende des Tages zählt daher für das Körpergewicht nur die Bilanz der aufgenommenen und umgesetzten Energie. Wer abnehmen will, muss mehr Energie verbrauchen, als er aufnimmt. Wann und wie beides passiert, ist wenig relevant.

Bis auf Weiteres gilt daher der Tipp: Essen, wenn man hungrig ist, und nicht den Heißhunger bis zum Abend aufsparen! Denn dann ist die Versuchung groß, mehr als die notwendige Kalorienmenge in den gähnend leeren Magen zu füllen. Und dieser Überschuss schlägt mit Sicherheit an!

Kann Übergewicht die Folge einer Lebensmittelallergie sein?

Die Zu- oder Abnahme von Körpergewicht hat ursächlich weder mit einer Allergie noch mit einer Lebensmittel-Intoleranz zu tun. Darum sollte man geschäftstüchtigen Anbietern von teuren Tests auf Nahrungsmittelunverträglichkeit keinen Glauben schenken.

Übergewicht ist lästig, entspricht nicht dem gesellschaftlichen Ideal und ist vor allem auf Dauer schwer zu bekämpfen. So lassen Übergewichtige – oft mit hohem finanziellen Aufwand – nichts unversucht, um überschüssige Kilos loszuwerden. Gutgläubigen Menschen wird unter anderem eingeredet, eine Unverträglichkeit gegen bestimmte Nahrungsmittel sei schuld an ihren Speckröllchen. Nur ein striktes Streichen bestimmter Lebensmittel würde zur lang ersehnten Schlankheit führen. Dazu werden Tests angeboten, die bis zu 400 Euro kosten.

Wissenschaftlich gesichert ist laut Deutscher Gesellschaft für Ernährung und angesehenen Allergologen Folgendes: Weder IgG- noch IgE-Tests* sind als alleiniges Instrument zur Diagnose von Lebensmittelallergien und schon gar nicht von Lebensmittel-Intoleranzen geeignet. Erst eine aufwendige ‚Ausschlussdiät' oder eine ‚allergenarme Suchdiät' können bei einer Allergie Klarheit bringen. Für die Intoleranz hat ein IgG-Bluttest keinerlei Relevanz, insbesondere wenn es um die Fragestellung Übergewicht geht.

Was die Gewichtsreduktion betrifft, wird die drastische Einschränkung der Lebensmittelvielfalt als simples Instrument genutzt, um die Energieaufnahme zu drosseln. Eine Gewichtsabnahme ist die logische Folge. Jedoch drohen durch eine solche (unnötige) Einschränkung auf Dauer massive Nährstoffdefizite.

** IgG ist ein Antikörper (Immunglobulin) der Klasse G, den der Körper beim Kontakt mit Bakterien oder einem bereits bekannten Krankheitserreger bildet. Als IgE bezeichnet man einen Antikörper, der unter anderem beim Vorliegen einer Allergie gebildet wird.*

Gibt es „negative Kalorien"?

Die Theorie von sogenannten negativen Kalorien klingt zwar verlockend, ist aber schlichtweg falsch. Es gibt kein Lebensmittel, bei dessen Verdauung mehr Kalorien verbraucht werden, als es selbst enthält.

Das Prinzip der „negativen Kalorien" verunsichert in zunehmendem Maß Hilfe suchende Konsumenten in Sachen Gewichtsreduktion. Die Verfechter der These vermischen wissenschaftliche Erkenntnisse mit pseudowissenschaftlichem Unsinn. Richtig ist, dass Eiweiß bei der Verdauung etwas mehr Energie benötigt als Fett oder Kohlenhydrate. Keinesfalls aber werden bei der Eiweißverdauung mehr Kalorien verbraucht, als mit einem eiweißreichen Lebensmittel zugeführt werden.

Diätempfehlungen auf Basis dieses Konzepts beinhalten überwiegend Lebensmittel, die von Natur aus kalorienarm sind. Es verwundert wenig, dass man abnimmt, wenn man über einen längeren Zeitraum statt des Schweinsbratens einen Salat isst. Doch selbst die kalorienärmsten Lebensmittel – Gurken, Salat und Rhabarber – enthalten noch 12 kcal pro 100 g. Nur zuckerfreier Kaugummi könnte als „Lebensmittel" mit „negativen Kalorien" bezeichnet werden. Denn wer darauf eine Stunde lang intensiv herumkaut, verbraucht dadurch stolze 11 kcal. Stundenlanges Kaugummikauen sei jedoch niemandem geraten, denn empfindliche Mägen können darauf beleidigt reagieren. Ständiges Kaugummikauen regt den Magen zur unnötigen Produktion von Magensäure an und erzeugt zusätzliches Hungergefühl.

Süßes

Ist Honig der „bessere" Zucker?

Der Vitamin- und Mineralstoffgehalt von Honig ist für den Menschen völlig unbedeutend. Tabu ist das Naturprodukt für Babys im ersten Lebensjahr sowie für Allergiker.

Die Annahme, Honig sei gesünder als Zucker, ist weit verbreitet. Ihm werden sogar heilende Wirkungen nachgesagt. So soll Honig aufgrund der enthaltenen Enzyme antibakteriell und entzündungshemmend wirken und dadurch Erkältungen lindern. Äußerlich angewendet kann steriler Honig tatsächlich selbst chronische Wunden binnen weniger Wochen zum Heilen bringen. Der Enzymgehalt in Speisehonig hat allerdings keine Bedeutung für den ernährungsphysiologischen Wert des Honigs. Denn die möglicherweise wirksamen Enzyme werden durch die Magensäure inaktiviert.

Vitamine, Mineralstoffe und Spurenelemente sind in so kleinen Mengen enthalten, dass naturgemäß winzige Bienen davon profitieren – nicht aber der Mensch. Ein Esslöffel Honig liefert beispielsweise 0,1 mg Vitamin C. Man müsste also 10 kg Honig am Tag löffeln, um auf die empfohlene Tagesmenge von 100 mg Vitamin C zu kommen. Bei Pollen-Allergikern kann Honig sogar außerhalb der Pollen-Saison zu lebensbedrohlichen allergischen Reaktionen führen. Honig kann Botulismus-Sporen enthalten, die bei Säuglingen lebensgefährliche Vergiftungen in Form von schweren Durchfällen auslösen können. Deshalb ist Honig im ersten Lebensjahr tabu! Aufgrund dieser möglichen Belastung mit Krankheitserregern sollte haushaltsüblicher Honig auch nicht für die Wundbehandlung eingesetzt werden.

Das geliebte Honigbrot braucht sich von diesen Ausführungen aber niemand ab dem zweiten Lebensjahr vermiesen zu lassen. Dort wo der Geschmacks unterschied kaum zu bemerken ist (Kuchen, Backwaren), kann man getrost zum billigeren Zucker greifen.

Kann Fruchtzucker der Gesundheit schaden?

Obwohl Studien über Langzeiteffekte beim Menschen noch fehlen, scheint Fruchtzucker nicht der harmlose oder gar bessere Zucker zum Süßen zu sein.

Fruchtzucker (Fruktose) findet sich seit geraumer Zeit immer häufiger u. a. in Erfrischungsgetränken, Desserts und Fruchtjoghurts. Doch mehren sich Studienergebnisse, die über das strahlende Licht des „natürlichen" Zuckers einen dunklen Schatten werfen. Denn er scheint das Freisetzen jener Hormone zu beeinflussen, die Hunger und Sättigung regulieren. Dadurch trage er Mitschuld an vermehrtem Appetit, gesteigerter Energieaufnahme und damit letztlich Übergewicht.

Außerdem reagiert Fruktose im Körper mit bestimmten Eiweißbausteinen und kann deren Funktion beeinträchtigen. Die möglichen Auswirkungen sind schneller fortschreitende Alterungsprozesse, Arteriose und diabetische Folgekrankheiten. Harnsäurerückstände in den Gelenken, die zu Gicht führen, werden ebenfalls durch eine hohe Fruchtzuckeraufnahme verstärkt.

Wer häufig unter Durchfall, Bauchgeräuschen oder Blähungen leidet, sollte hierbei ebenso an Fruchtzucker als Ursache denken. Viele Menschen vertragen diesen nur sehr schlecht, weil er im Darm das Bakterienwachstum übermäßig fördert. Vermehrte Gasbildung ist die Folge.

Der vergleichsweise kleine Fruktose-Anteil in Früchten soll aber niemanden davon abhalten, weiterhin zwei Obst-Rationen täglich zu essen. Besser wirft man einen genauen Blick auf das Etikett von gesüßten Produkten. Denn in diesen lauern weit größere Fruchtzuckermengen als in Apfel, Birne und Co.

Sind Süßstoffe gesundheitsschädlich?

In normalen Verzehrsmengen sind alle bei uns eingesetzten Süßstoffe für Erwachsene gesundheitlich unbedenklich. Wenngleich sie für manche das Gewichtsmanagement erleichtern, das Allheilmittel im Kampf gegen Übergewicht sind sie nicht.

Süßer Genuss ohne Reue – soweit die Ansicht der kalorienbewussten Verwender. Schädliche Chemie – so der ablehnende Argwohn der Verweigerer. Süßstoffe polarisieren so stark wie der Geschmack von Koriandergrün.

Fakt ist, dass alle bei uns zugelassenen Süßstoffe innerhalb der festgelegten Tageshöchstmengen nach heutigem Wissensstand als unschädlich gelten. Denn selbst nach der Zulassung wird jeder Süßstoff bei Bedarf erneut überprüft. So geschehen bei Aspartam aufgrund mutmaßlicher unerwünschter Wirkungen wie Kopfschmerzen, Allergien oder Krebs. In den Jahren 2002 und 2006 wurden deshalb umfangreiche Gutachten von Expertengremien der Europäischen Union (SCF und EFSA) erstellt. Sie kamen zu dem Schluss, dass weiterhin negative Folgen von Aspartam im Rahmen der akzeptablen täglichen Aufnahmemenge (ADI-Wert) auszuschließen sind. Der ADI-Wert beträgt für Erwachsene 40 mg/kg Körpergewicht/Tag. Das entspricht umgerechnet der Süßkraft von 8 kg Zucker.

Häufig kommt es aber vor, dass sich Schleckermäuler mit der Süßstofftablette das reine Gewissen in den Kaffee streuen. Die Torte dazu schmeckt dann gleich noch einmal so gut. So erfüllen Süßstoffe natürlich nicht ihren Zweck. Sinnvoller wäre es, seine Geschmackspapillen langsam wieder an einen weniger süßen Geschmack zu gewöhnen, um den Gaumen langfristig mit kleineren Nascheinheiten zufriedenzustellen.

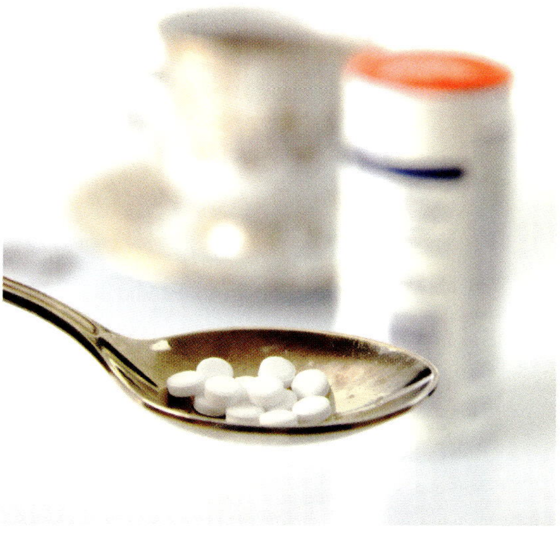

Machen Süßstoffe hungrig?

Aktuelle Studien zeigen, dass Süßstoffe den Zuckerstoffwechsel nicht beeinflussen und damit nicht appetitanregend wirken. Dahingestellt bleibt aber, ob man sich mit künstlich gesüßten „Köstlichkeiten" vielleicht nur eine Portion reinen Gewissens einverleibt.

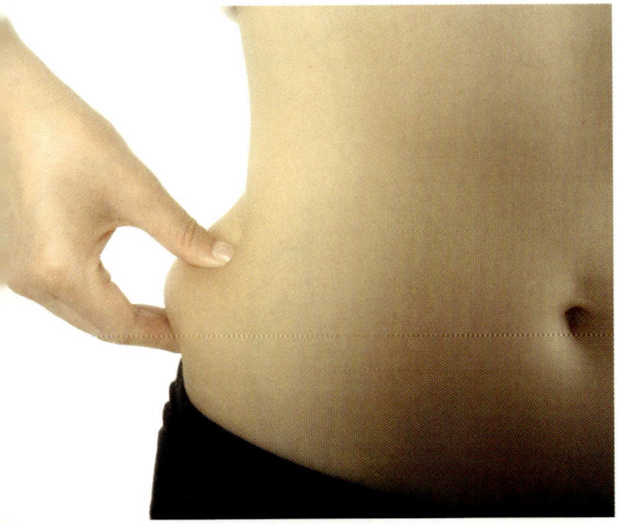

Kalorienfreie Süßungsmittel müssen sich vielen Kritikern stellen. Unter anderem wird ihnen vorgeworfen, sie würden Heißhunger erzeugen und deshalb langfristig dick machen. Bekommt die Zunge das Signal „süß", rege das die Ausschüttung von Insulin und damit ein Absinken des Blutzuckers an. Gesteigerter Appetit und gar Heißhunger seien die Folge.

Allerdings konnte dies in klinischen Studien nicht bestätigt werden: Süßstoff wirkt bezüglich Insulinausschüttung und Blutzucker genau gleich wie Wasser. Die Insulin-Produktion wird ausschließlich durch einen hohen Blutzuckerspiegel und nicht durch Geschmackssignale von der Zunge ausgelöst!

Und wie steht es um die These, Süßstoffe würden sogar in der Schweinemast zur Appetitanregung gegeben werden? Richtig ist, dass manche Landwirte ihren Ferkeln Süßstoffe ins Futter mischen. Der Grund dafür: Muttermilch schmeckt auch bei Schweinen süßlich, das Stallfutter hingegen etwas bitter. Um den Jungschweinen das ungewohnte Futter zu Beginn etwas zu „versüßen", mischen Bauern etwas Süßstoff darunter.

Süßstoffe machen zwar physiologisch nicht mehr Appetit, jedoch bleibt die Frage offen, wie sie psychologisch wirken. Verleitet das gute Gewissen vielleicht zur doppelten Portion? Insofern ist man gut beraten, sich ab und zu etwas echt Süßes zu gönnen und die Energie gedanklich ganz bewusst auf dem Kalorienkonto zu verbuchen.

Sind Süßstoffe in der Kinderernährung unbedenklich?

Für Erwachsene gelten alle zugelassenen Süßstoffe als gesundheitlich unbedenklich. Säuglinge und Kinder hingegen können aufgrund ihres geringeren Körpergewichts und der höheren Stoffwechselaktivität die empfohlenen Höchstmengen überschreiten. Süßstoffe haben aus diesem Grund keinen Platz in der Säuglings- und Kinderernährung.

Zu viel Zucker in der Kinderernährung kann sich negativ auf das Körpergewicht und die Zahngesundheit auswirken. Gesundheitsbewussten Eltern stellt sich daher die Frage, ob Limonaden und Süßigkeiten, die mit Süßstoffen gesüßt sind, eine Alternative zu herkömmlichen Produkten sind.

Bei maßvollem Verzehr gelten alle zugelassenen Süßstoffe als unbedenklich. Die Weltgesundheitsorganisation (WHO) hat jedoch die gesundheitlich akzeptable tägliche Süßstoffmenge für Kinder noch nicht festgelegt. Deshalb wird bis auf Weiteres der Einsatz künstlicher Süßstoffe für Säuglinge und Kinder bis zum zehnten Lebensjahr nicht empfohlen. Zudem sollen Kinder nicht frühzeitig an einen zu süßen Geschmack gewöhnt werden. Vor allem mit Süßstoff gesüßte Getränke führen dazu, dass Kinder sich daran gewöhnen und später ungesüßte Produkte ablehnen.

In der Ernährungserziehung gilt es, Kinder für Lebensmittel zu begeistern, die nicht allzu süß sind bzw. die – wie Obst – eine natürliche Süße haben. So fällt es ihnen in späteren Jahren leichter, den Süßkonsum und damit ihr Körpergewicht im optimalen Bereich zu halten. Steht man vor der Frage „Zuckerl mit oder ohne Zucker für das Kind?", beherzigt man am besten die von Experten für Kinderernährung aufgestellte Regel: „Zucker in Maßen ist besser als Süßstoff!"

Ist Bitterschokolade „gesünder" als Milchschokolade?

Geschmacklich unterscheiden sich Milch- und Bitterschokolade wesentlich. Hinsichtlich Kalorien, Fett und Ballaststoffen unterscheiden sich die süßen Verführungen aber kaum. So lohnt sich bei Schokolade – egal ob hell oder dunkel – der bewusst kleine Naschgenuss.

Laut Nährwerttabellen bestehen beachtenswerte Unterschiede zwischen Milch- und Bitterschokolade. So weist zum Beispiel der renommierte Souci/Fachmann/Kraut („Die Zusammensetzung der Lebensmittel") milchfreie Schokolade mit nur 394 kcal und 24 g Fett aus. Sind Ballaststoffe bei der hellbraunen Süßigkeit nur in Spuren vorhanden, sollen in der schwarzen gleich 15 g davon stecken. Jedoch dürften sich diese Angaben nicht auf die bei uns handelsüblichen dunklen Schokoladen beziehen. Denn eine Recherche bei den gängigen Herstellern zeigt, dass kaum ein Unterschied zwischen Milch- und Bitterschokolade zu finden ist (siehe Tabelle S. 25).

Die antioxidative Kapazität in Bitterschokolade ist jedoch beachtlich. Diese beschreibt, wie gut ein Lebensmittel unerwünschte Sauerstoffradikale neutralisieren kann. So konnte eine Studie zeigen, dass 24 g Schokolade mit 75 % Kakaoanteil gleich gut vor diesen unerwünschten freien Radikalen schützen wie 200 ml Rotwein.

Aber Vorsicht: Diese Zahlen sollen keineswegs zu ungezügeltem Schlemmen verführen. Eine figurfreundliche Schokoladeportion – gleichgültig welcher Farbe – ist auf ein bis zwei Rippen täglich zu beschränken. Denn fett sind sie alle, und das nicht zu knapp.

Nährwerte in Schokolade laut Herstellerangaben

Marke/Produkt	Fett in g/100 g	Ballaststoffe in g/100 g	kcal/100 g
Lindt[1]			
Excellence Cacao 90 %	49	5	540
Excellence Cacao 85 %	46	5	530
Excellence Cacao 70 %	40	5	520
Surfin	32	6,3	520
Milch extra	31	1,9	530
Suchard[2]			
Sensations Noir 86 %	55	k. A.	600
Sensations Noir 70 %	48	k. A.	583
Milka[3]			
Alpenmilch	30	k. A.	583
Zart & Dunkel, Alpenmilch Extra Kakao	41	k. A.	565

Quellen:

1) Herstellerinformation vom 17.03.2009
2) www.kraftfoods.ch, abgerufen am 16.03.2009
3) www.milka.at, abgerufen am 16.03.2009

Weibliches

Ist Sesam wirklich so kalziumreich und damit eine Alternative zu Milchprodukten?

Obwohl Sesam genau wie Mohn viel Kalzium bunkert, trägt er bei den mitteleuropäischen Essgewohnheiten kaum zur Bedarfsdeckung bei. Zu klein sind die Mengen, die als Sesamportion gegessen werden. Außerdem kommt er bei den wenigsten Menschen wirklich täglich auf den Teller.

Sesamsamen enthalten 783 mg Kalzium pro 100 g. Diese Menge erscheint im Vergleich zu Vollmilch (120 mg/100 g) enorm. Jedoch zeigt dieses Beispiel, wie wichtig es ist, bei Nährwertangaben ebenso die durchschnittliche Portionsgröße zu berücksichtigen. Sesam wird üblicherweise eher als Gewürz denn als Hauptzutat in Gerichten verwendet. Mehr als ein Esslöffel ist demnach kaum in einer Portion Salat, Auflauf oder Müsli zu finden. Um auf die täglich empfohlene Zufuhr von 1 000 mg Kalzium zu kommen, müsste ein Erwachsener aber zehn Esslöffel (136 g) Sesam essen. Die gleiche Menge Kalzium steckt in ein paar Scheiben (100 g) Hartkäse. Mit Milchprodukten fällt es daher leichter, den Mineralstoff täglich in adäquater Menge aufzunehmen.

Kalzium ist ein unerlässlicher Baustoff für Knochen und Zähne. Etwa bis zum 30. Lebensjahr kann der Körper neue Knochensubstanz aufbauen. Wer bis dahin fleißig Kalzium tankt, profitiert von einem besonderen Härtebonus für das gesamte restliche Leben. Doch auch jenseits der 30 macht der Griff zu Käse, Joghurt, Latte macchiato und Buttermilch Sinn. Denn bei regelmäßigem Genuss bleiben die Kalziumspeicher des Knochens gut gefüllt und der unaufhaltsame Abbau erfolgt wesentlich langsamer als bei Milchverächtern.

Ist eine Gewichtszunahme im Wechsel (un)vermeidbar?

Mit der Abnahme der Sexualhormone wird es immer schwieriger, das Körpergewicht im grünen Bereich zu halten. Durch gezieltes Training und Essen kann *frau* aber ihre Muskeln bewahren und damit den Energieverbrauch am Sinken hindern.

Wenn der weibliche Körper weniger Geschlechtshormone bildet, macht sich bei vielen Frauen unter anderem eine unerwünschte Gewichtszunahme bemerkbar. Grund dafür sind das Absinken des Energiebedarfs sowie unliebsame Heißhungerattacken (meist auf Süßes). Der tägliche Ruheenergieumsatz (die Basisenergie zum Erhalt aller Lebensfunktionen) verringert sich vom 20. bis zum etwa 60. Lebensjahr um ca. 220 kcal. Wer diese Menge im Alter nicht durch mehr Sport oder gedrosselte Energieaufnahme kompensiert, nimmt bereits nach einem Jahr 9 kg zu!

Vermeiden kann *frau* die lästigen Langzeitbegleiter um Taille und Hüfte nur durch gezieltes Gegensteuern. Nicht weniger, sondern anders essen lautet die Devise. Schlemmen ist bei Gemüse, Salat, Obst und Hülsenfrüchten erlaubt. Bei Tiramisu, Plundergebäck, Schokomousse und anderen „Fettigkeiten" stellt sich die Frage: Rechtfertigt der nur kurze Genuss die vielen trüben Momente vor gnadenlosen Spiegeln enger Umkleidekabinen? Zwei- bis dreimal pro Woche angepasstes Training ist eine Gewohnheit, die *frau* lebenslänglich beibehalten sollte. Dabei ist Spaß der wichtigste Motor, um langfristig dranzubleiben. Wer nicht gerne läuft, der schwimmt, walkt, radelt oder skatet. So purzeln langfristig nicht nur die Kilos, sondern gleichermaßen die trüben Gedanken.

Hat Dinner-Cancelling tatsächlich einen Anti-Aging-Effekt?

Mit dem Weglassen der Abendmahlzeit soll die Produktion der Hormone Melatonin und Somatropin angeregt werden. Man hofft, damit dem Alterungsprozess ein Schnippchen zu schlagen. Eindeutig belegt ist dieser Nutzen bislang aber noch nicht.

Ob eine gelegentliche Nahrungskarenz ab 16 Uhr als Alterungsbremse wirksam sein könnte, beschäftigt Wissenschaftler weltweit. Langzeitstudien am Menschen liegen dazu jedoch noch nicht vor. Ein nächtlich leerer Magen wirkt sich günstig auf die Produktion von Melatonin und des Wachstumshormons Somatropin aus. Diese versetzen den Körper in die Lage, Reparaturen an der DNA zu starten und senken zudem die Körpertemperatur leicht ab. Beides wirkt sich günstig auf die Stabilität der Zellen aus und könnte damit Alterungsprozesse bremsen. Somatropin und Melatonin werden in jungen Jahren noch vermehrt gebildet, mit zunehmendem Alter sinkt die Ausschüttung.

Fest steht aber bereits jetzt, dass selbst durch tägliches abendliches Fasten kein ewig junges Dorian-Gray-Antlitz zu erzielen ist. Dinner-Cancelling kann einen gesunden Lebensstil sicher nur unterstützen, diesen aber nicht ersetzen. Wer ausgewogen isst, nicht raucht, sich viel bewegt und ausreichend schläft, schafft gute Voraussetzungen dafür, bis ins hohe Alter „jung" zu bleiben.

Da das Abendessen in der heutigen Zeit zur Pflege sozialer Kontakte (Familie, Freunde) besonders wichtig ist, empfiehlt sich etwaige abendliche Nahrungskarenz nur maximal zwei- bis dreimal wöchentlich. Angenehmer Nebeneffekt: An diesen Tagen fallen dann auch Zusatzkalorien in Form von fettreichem Knabbergebäck und alkoholischen Getränken weg.

Haben Frauen oder Männer den besseren Geruchssinn?

Frauen können Gerüche schon bei geringen Konzentrationen eindeutiger bestimmen und sind sich ihrer Meinung sicherer als Männer. Das gilt für angenehme ebenso wie für unangenehme Gerüche. Über den Grund für diese Tatsache gibt es bis heute nur verschiedene Hypothesen.

Im Laufe der Evolution war ein ausgeprägter Geruchssinn für Frauen besonders wichtig. Waren sie es doch, die essbare von giftigen Pflanzen unterscheiden mussten. Außerdem hatten sie zu beurteilen, ob die Nahrung für ihre Kinder noch bekömmlich oder bereits verdorben war. Frauen, die besser erschnüffeln konnten, ob ein Sexualpartner zu ihnen passt, hatten zudem einen Reproduktionsvorteil.

Bis heute ist deshalb der weibliche Geruchssinn dem männlichen überlegen. Jedoch nur bis zur Menopause und nur dann, wenn nicht die Pille eingenommen wird. Die weiblichen Geschlechtshormone scheinen für die besonders guten Spürnasen verantwortlich zu sein. Während der Ovulationsphase und während der Schwangerschaft sind die Nasen der Frauen besonders sensibel. Im Verlauf des Menstruationszyklus werden alle Schleimhäute ausgedünnt – auch die der Nase. Riechstoffe gelangen dann leichter am Riechepithel durch die Nasenschleimhaut zu den eigentlichen Riechzellen. Spekuliert wird außerdem, dass der anatomisch unterschiedliche Aufbau der Nasenhöhlen mit ein Grund sein könnte.

Ab dem 55. bis 60. Lebensjahr lässt der Geruchssinn allmählich nach. Betagte Menschen leiden häufig unter deutlich reduziertem Geruchs- und Geschmackssinn. Drei Viertel aller über 80-Jährigen sind sogar „geruchsblind".

Männliches

Warum essen Männer so gerne Fleisch?

Der männliche Gusto auf Fleisch lässt sich zum Teil aus der Symbolik, zum Teil durch tradierte Gewohnheiten erklären. Mannhaftigkeit und Lebenskraft werden seit jeher mit der „Herrenspeise" verbunden. Selbst heute wird in Familien noch zelebriert, wer das erste und größte Stück vom Braten bekommt.

Die archaischen Wurzeln der männlichen „Fleischeslust" beruhen auf den Beobachtungen unserer Vorfahren. Die sogenannten Herrschertiere wie Löwe, Adler oder Leopard waren und sind allesamt ausschließlich Fleischfresser. Sie galten dadurch als unabhängig und stark und wurden geachtet – wenn nicht sogar gefürchtet. Eigenschaften, die auch in unserer Zeit noch für Männer erstrebenswert sind. Mit dem Verzehr eines Steaks oder Koteletts erhofft *mann* sich, besondere Kraft und Stärke zu tanken.

Heute wie früher erhält an manch traditionellem Familientisch als Erster der Vater das größte Stück vom Braten. Fleisch – so wird vielen Kindern von klein auf eingeprägt – müsse man essen, um groß und stark zu werden.

In Österreich und Deutschland essen Männer doppelt so viel Fleisch- und Wurstwaren wie Frauen. Anatomisch spricht nichts dafür, dass Männer mehr Fleisch essen sollten als Frauen. Sie müssen zwar mehr Muskelmasse erhalten, doch diese kann ebenso fleischlos „gefüttert" werden. Milchprodukte, Eier und Hülsenfrüchte liefern ausreichend hochwertiges Eiweiß.

Doch Männer essen nicht nur gerne Fleisch, sie zelebrieren gleichermaßen mit Leidenschaft dessen Zubereitung. Deshalb bindet sich der Mann bereitwillig die Schürze um, wenn es darum geht, Fleisch über offenem Feuer nach alter Lagerfeuermanier zu grillen. Vor Publikum versteht sich! Oder haben Sie schon einmal bei einem Gartenfest eine Frau am Grill stehen sehen?

Darf man trotz eines erhöhten Cholesterinspiegels zu fettem Käse greifen?

Die Liste der Verbote bei erhöhtem Blutcholesterin ist oft lang. Genauso lang sind meist die Gesichter der Betroffenen in Anbetracht der künftig nicht mehr erlaubten Genüsse. Doch ganz so karg muss ein cholesterinfreundlicher Essalltag nicht sein.

Wer zu fettarmem Käse mit maximal 25 % F. i. T. greift, will damit Fett und gesättigte Fettsäuren einsparen. Doch dies gelingt auch anders. Der Verzicht auf zusätzliches Streichfett (Butter oder Margarine) beim Käsebrot spart meist schon 10–15 g Fett. Als Alternative bieten sich eine dünne Schicht Senf oder fettarmer Frischkäseaufstrich an. Dazu darf mit reinem Gewissen ein moderates Stück (bis zu 50 g) vom fetteren, geschmacklich unbestritten besseren Käse genossen werden. Eine solche Hauptmahlzeit schadet weder den Arterien noch dem Herzen, vorausgesetzt der Essalltag ist insgesamt stimmig, und viele bunte pflanzliche Lebensmittel wandern in den Magen. Karotten, Erbsen, Bohnen, Kürbis, Soja, Hafer(flocken), Äpfel und Co. verwöhnen die Blutgefäße mit jeder Menge löslicher Ballaststoffe. Diese können aktiv mithelfen, den Cholesterinspiegel zu senken. Omega-3-Fettsäuren aus Fisch verbessern zusätzlich die Fließeigenschaften des Blutes.

Wer also zur kleinen feinen Camembert- oder Bergkäseportion eine große Portion Gemüse knabbert, hält sein Cholesterin eher im Lot als der, der ungezügelt fettarmen Käse auf das fingerdick mit Butter bestrichene Toastbrot schichtet.

Bekommt *mann* vom exzessiven Biertrinken Brüste?

Wie bei so vielem gilt auch beim Bier der Spruch von Paracelsus: Die Dosis macht das Gift. Männer müssen – wenn überhaupt – nur bei exzessivem Biergenuss eine weiblich geformte Brust in Kauf nehmen. Andere Alkoholika können sich ebenfalls „feminisierend" auswirken.

Entwickeln sich beim Mann Brüste, spricht man von einer sogenannten Gynäkomastie. Neben anderen Ursachen kann Bier auf zweierlei Art dafür verantwortlich sein:

1. Bier bzw. der darin verwendete Hopfen enthält Phytoöstrogene. Das sind Substanzen, die den weiblichen Sexualhormonen sehr ähnlich sind. Wenn ein Mann täglich große Mengen Bier trinkt, nimmt er reichlich von diesen östrogenähnlichen Pflanzenhormonen auf. Da im Zuge des natürlichen Alterungsprozesses die Produktion der männlichen Sexualhormone stetig sinkt, können sich die Hopfenhormone stärker durchsetzen und die Brustdrüsen werden in Fett eingebettet.

2. Wird Alkohol – egal ob Bier, Wein oder Schnaps – über einen längeren Zeitraum hinweg im Übermaß getrunken, hat dies früher oder später einen Stoffwechseldefekt der Leber zur Folge. Aufgrund dieser Störung werden weibliche Hormone, die auch in kleinen Mengen vom Mann gebildet werden, nicht mehr richtig abgebaut. Auch das kann die Brüste beim Mann zum Wachsen bringen. Außerdem führt eine überschießende Kalorienzufuhr bekanntlich bei Männern ebenfalls zu vermehrtem Fettansatz. Besonders jenseits der 50 setzt sich dieser aufgrund des Testosteron-Rückgangs mitunter auch gerne an der Brust an.

Als Obergrenze für bedenkenlosen Alkoholkonsum gelten für Männer 20–24 g Alkohol/Tag. 20 g entsprechen rund 0,5 l Bier oder 0,2 l Wein. Also, liebe Männer: Ein kleines Bier ab und zu schadet nicht, aber zu viel davon macht alles andere als männlich!

Fördert Spargel die Potenz?

Sein Ruf als wirksames Potenzmittel eilt ihm zwar voraus, doch wissenschaftlich konnte dieser Effekt bislang nicht belegt werden. Dennoch können auch Männer vom Spargelgenuss im Frühjahr profitieren.

Als Heilpflanze war das schlanke Gemüse bereits in der Antike bekannt. Ärzte schätzten den Spargel aufgrund seiner harntreibenden, herzstärkenden und hustenlindernden Wirkweise. Das „essbare Elfenbein" galt deshalb als wichtige Heilpflanze und war während der Saison in allen Apotheken vorrätig. Für viele Lust suchende Menschen gehören die phallisch geformten Sprossen bis heute zu den aphrodisierenden Speisen. Vermutlich aufgrund ihres Aussehens, denn an den Inhaltsstoffen liegt es wohl nicht. Der viel strapazierte, vermeintlich hohe Zink-Anteil im Spargel relativiert sich bei genauerem Hinsehen. Der Mineralstoff ist für die Testosteronbildung wichtig und dieses ist wiederum bekanntlich der Motor für Libido und Potenz. 100 g Spargel enthalten knapp 4 % der für einen erwachsenen Mann täglich empfohlenen Zink-Zufuhr. 50 g Emmentaler liefern hingegen ganze 23 %.

Dafür punktet das kalorienarme Gemüse mit jeder Menge wertvoller Folsäure. Dieses B-Vitamin hilft durch seine Fähigkeit, das gefäßschädigende Homocystein abzubauen, Arterien und Herz zu schützen. Kalium im Spargel wirkt harntreibend. Apropos Harn: Wer sich nach Spargelgenuss Sorgen um seinen gar nicht wohlriechenden Harn macht, kann beruhigt sein. Der stechende Geruch kommt nur von den harmlosen schwefelhältigen Abbauprodukten des Spargels.

Kindliches

Sind Cola und Salzstangen bei Durchfall hilfreich?

Cola und Salzstangen werden häufig als „Erste-Hilfe-Maßnahme" bei Durchfall empfohlen, können die fehlenden Mineralstoffe jedoch nicht adäquat ersetzen. Die Kohlensäure in Cola kann zu schmerzhaften Blähungen führen, das Koffein entzieht dem kindlichen Körper zusätzlich Flüssigkeit.

Durchfall geht mit erheblichen Flüssigkeits- und Elektrolytverlusten einher. Die Speisen und Getränke, die während der Durchfallphase gegessen und getrunken werden, müssen diese Verluste ausgleichen, dürfen den Darm hingegen nicht zusätzlich belasten. Cola und Salzstangen können die verloren gegangenen Mineralstoffe aber nicht entsprechend ersetzen. Salzstangen enthalten zwar viel Natrium, doch nicht das für den Organismus bei Durchfall sehr wichtige Kalium.

Aufgrund des hohen Zuckergehalts von Cola wird außerdem im Darm Flüssigkeit gebunden, was den Durchfall noch verstärken kann. Darüber hinaus kann die Kohlensäure den strapazierten Bauch aufblähen und Schmerzen verursachen bzw. verstärken. Das enthaltene Koffein hat einen harntreibenden Effekt, woraufhin noch zusätzlich Wasser und Elektrolyte ausgeschieden werden. Überdies kann Koffein die Darmmuskulatur zusätzlich anregen. Verstärkte Darmtätigkeit – im Fall von Durchfall keinesfalls erwünscht – ist die Folge.

Ein ideales Elektrolytgetränk bei Durchfall ist ein Gemisch aus einem Liter Orangensaft mit einem Teelöffel Salz über den Tag verteilt getrunken.

Ab welchem Alter dürfen Kinder Cola trinken?

Koffeinhaltige Getränke (Kaffee, schwarzer und grüner Tee, Colagetränke, Eistee und Energy-Drinks) sind für Kinder bis zehn Jahre gänzlich ungeeignet. Danach gibt es viele andere Gründe, die dafür sprechen, den Konsum sämtlicher zuckerhaltiger Erfrischungsgetränke stark einzuschränken.

Wer morgens Kaffee trinkt weiß, dass Koffein munter macht. Bei Kindern wirkt es ebenso aufputschend und kann zu hyperaktivem Verhalten, Reizbarkeit, Schlafstörungen sowie Unaufmerksamkeit führen. Außerdem fördert Koffein die Kalziumausscheidung über die Niere, was sich negativ auf die Knochendichte auswirken kann.

Viele Studien zeigen zudem einen direkten Zusammenhang zwischen dem häufigen Konsum zuckerhaltiger Getränke und Übergewicht. Colagetränke enthalten ca. 35 g Zucker pro Portion (330 ml) (das entspricht knapp neun Stück Würfelzucker) und somit fast 140 kcal. Rein rechnerisch könnte damit ein Glas Cola pro Tag zu einer Gewichtszunahme von 7 kg in einem Jahr führen.

Und noch einem Vorwurf müssen sich Colagetränke (genau wie andere Limonaden) stellen: Es besteht ein klarer Zusammenhang zwischen dem Konsum zuckerhaltiger Erfrischungsgetränke und Karies. Mitverantwortlich dafür ist – neben dem Zuckergehalt – der hohe Säuregehalt vieler dieser Getränke, der zum Abbau des Zahnschmelzes führt. Cola ist vom Säuregrad her etwa so sauer wie Speiseessig.

Klein- und Schulkindern (bis zehn Jahre) wird vom Genuss koffeinhaltiger Getränke generell abgeraten. Nichts spricht gegen ein gelegentliches Glas Cola ab dem zehnten Geburtstag zu Weihnachten und anderen „heiligen Zeiten". Als Durstlöscher im Alltag ist es für Groß und Klein jedenfalls nicht geeignet.

Wie viel Koffein steckt in handelsüblichem Eistee?

Eistee ist bei Kindern sehr beliebt. Der Anteil an Koffein ist in Eistee im Vergleich zu anderen koffeinhaltigen Getränken zwar gering, generell sind Eistee, Kaffee, schwarzer und grüner Tee sowie Colagetränke und Energy-Drinks aber für Kinder nicht empfehlenswert.

Eistee hat sich während der letzten Jahre mit einer Vielzahl von Marken als Erfrischungsgetränk etabliert. Am gängigsten sind Produkte auf Schwarzteebasis. Eistee besteht grundsätzlich aus Wasser, Zucker und Schwarz- oder Grüntee(-Extrakt) sowie Aromen, Zitronensäure und manchmal Fruchtsäften. Der Koffeingehalt liegt zwischen 5 und 24 mg Koffein pro 0,25 l. Eistee auf Früchtetee-Basis ist koffeinfrei. Zum Vergleich: Eine Tasse Kaffee oder purer Schwarz- oder Grüntee enthält bis zu 100 mg Koffein, Colagetränke zwischen 15 und 60 mg pro Glas. Für Klein- und Schulkinder bis zehn Jahre sind koffeinhaltige Getränke generell ungeeignet, die Kinder können davon überaktiv und unruhig werden. Eistee als Durstlöscher in größeren Mengen getrunken, kann die Koffeinaufnahme bedenklich erhöhen.

Auch aufgrund des hohen Zuckergehalts sind Eistees nicht als Durstlöscher geeignet. Der Zuckergehalt liegt je nach Hersteller bei 70–90 g pro Liter, das entspricht 280 bis fast 360 Kilokalorien.

Optimale Durstlöscher sind Leitungs- und Mineralwasser, stark verdünnte Fruchtsäfte sowie wenig bis gar nicht gesüßte Kräuter- und Früchtetees.

Warum lehnen viele Kinder Gemüse ab?

Kinder machen meist einen großen Bogen um Kraut, Brokkoli und Co. Hauptgrund dafür ist, dass zahlreiche Gemüsesorten bitter schmecken. Manchmal liegt es aber ganz einfach daran, dass auch Mama oder Papa Gemüse verschmähen.

Genauso wie man Wort für Wort eine Sprache erlernt, verhält es sich mit den Essgewohnheiten. Auch hier spielen Lernvorgänge eine große Rolle. Bis Kinder ein Lebensmittel akzeptieren, müssen sie bis zu zwölf positive Kontakte erleben. Einem unbekannten Geschmack begegnen sie zunächst argwöhnisch – besonders, wenn es sich um einen bitteren handelt. Diese Abneigung ist genau wie die Vorliebe für Süßes angeboren. Leider haben manche Gemüsesorten – vor allem Kohlgemüse – eine leicht bittere Note. Deshalb gilt: Nicht aufgeben und Gemüse in hartnäckigen Fällen in verschiedenen Speisen „verstecken". In der Pasta-Soße, im Strudel, im Eintopf oder Auflauf wird das Gemüse eher akzeptiert als in Form einer prominenten Solo-Beilage. Günstig ist es auch, neue Sorten mit bereits bekannten – im Idealfall süß schmeckenden Erbsen, Karotten oder Kartoffeln – zu kombinieren.

Auch beim Essen gilt der Spruch „Was nützt die beste Erziehung, Kinder machen uns ja doch alles nach!". Rümpft daher der Papa am fleischfreien Tag die Nase, ist es nicht verwunderlich, wenn der Sprössling lustlos im Spinatknödel herumstochert.

Gesundheitsargumente haben noch keinen Gemüseverweigerer bekehrt, denn Kinder können sich unter gesund oder ungesund nichts vorstellen. Am besten geht man als gemüseknabberndes Beispiel voran und lässt den Kleinen Zeit, um buchstäblich auf den Geschmack zu kommen. Dann hat man gute Chancen, den Satz „Gemüse esse ich nicht" nie wieder zu hören.

Wie viel Alkohol steckt in Alkopops?

Alkopops erfreuen sich vor allem bei Jugendlichen steigender Beliebtheit. Aufgrund des süßen, den Alkohol überdeckenden Geschmacks wandert mit einer Flasche unbemerkt die Alkoholmenge von mindestens zwei Schnäpsen durch die durstigen Kehlen.

Unter Alkopops versteht man fertige Gemische aus hochprozentigem Alkohol (z. B. Wodka, Tequila, Whiskey) und anderen Getränken (z. B. Limonade, Fruchtsaft). Durch die Süße und das limonaden- oder fruchtsaftartige Aroma wird der scharfe bzw. bittere Geschmack des Alkohols kaum wahrgenommen. Das führt dazu, dass Jugendliche in immer jüngeren Jahren erstmals zu Spirituosen greifen. Laut mehreren Schülerbefragungen trinken fast 10 % der 11- bis 15-Jährigen regelmäßig Alkopops. Die „Versüßung" birgt vor allem die Gefahr, dass der Alkoholgehalt unterschätzt wird. Dieser liegt bei den alkoholhaltigen Süßgetränken meist bei 5–6 Vol. %. Eine Flasche mit 275 ml Inhalt enthält somit 11–13 g Alkohol – das entspricht der Menge von zwei bis drei Stamperln Schnaps. Die gleichzeitige Anwesenheit von Kohlensäure in Alkopops beschleunigt die Alkoholaufnahme ins Blut.

Wichtig ist, Jugendlichen nicht nur die Risiken und Nebenwirkungen des Alkoholkonsums vor Augen zu führen, sondern sie auch beim Erlernen eines vernünftigen Umgangs damit zu unterstützen.

Praktisches

Ist die Verwendung von Mikrowellengeräten gesundheitsschädlich?

Derzeit gilt als Stand der wissenschaftlichen Erkenntnisse, dass beim sachgemäßen Einsatz von Mikrowellengeräten keine Gesundheitsgefahren bestehen. Mikrowellen wirken ausschließlich wärmend.

Obwohl Mikrowellengeräte mittlerweile zur Standard-Geräteausstattung in fast jeder Küche gehören, hält die Diskussion um das Für und Wider ihres Einsatzes an. Viele Konsumenten fürchten eine Leckstrahlung beziehungsweise noch mehr eine Veränderung der Lebensmittel.

Mehrere Hundert Forschungsarbeiten wurden vom deutschen Bundesamt für Strahlenschutz gesichtet. Diese Studienanalyse belegt, dass die Sorgen um Gesundheitsgefahren durch Leckstrahlen bei intakten Geräten völlig unbegründet sind. Das gilt auch für Schwangere, Säuglinge und Kinder. Keinesfalls dürfen allerdings beschädigte Geräte in Eigenregie repariert werden.

Mikrowellen regen die Moleküle in Lebensmitteln zur Bewegung an. Diese Bewegung erzeugt Wärme, was zum Erwärmen des Gerichts führt. Zahlreiche Untersuchungen beweisen, dass es darüber hinaus zu keiner Veränderung des Lebensmittels oder seiner Inhaltsstoffe kommt.

Der Gebrauch der Mikrowelle erfordert aber ein gewisses Umdenken bei der Speisenzubereitung, um Risiken aufgrund von Bedienungsfehlern auszuschließen: In Bezug auf die Keimabtötung ist auf eine ausreichende Erhitzung der Speisen zu achten. Bei der Erwärmung von Babynahrung und -milch muss gründlich umgerührt und geschüttelt werden, da das Gargut in der Mikrowelle nicht gleichmäßig heiß wird.

Der Einsatz der Mikrowelle ist vor allem zum Aufwärmen von Speisen sinnvoll, da dies nährstoff- und energieschonend erfolgt. Beim Garen selbst sind jedoch meist andere Zubereitungsarten der Mikrowelle überlegen.

Soll man spezielles Mikrowellengeschirr verwenden?

Schenkt man den Aussagen der Hersteller Glauben, sollten Lebensmittel und Speisen in der Mikrowelle ausschließlich in speziellem Kunststoffgeschirr gegart, erwärmt oder aufgetaut werden. Doch: Kunststoff und Hitze vertragen sich nicht immer. Herkömmliches Geschirr aus hitzebeständigem Glas oder Porzellan ist für das Erhitzen in der Mikrowelle daher empfehlenswerter.

Mikrowellentaugliches Geschirr besteht im Idealfall aus Materialien, durch die elektromagnetische Wellen dringen können, ohne dass es dabei beschädigt wird. Dazu gehören Behälter aus Porzellan (ohne Metallapplikationen), Glas (feuerfest), Steingut und Keramik (glasiert) oder Kunststoff. Letzteres ist mit dem Hinweis „hitzebeständig" gekennzeichnet. Diese Eigenschaft zeigten aber nicht alle der vom Österreichischen Verein für Konsumenteninformation getesteten Mikrowellengefäße. Beim starken und langen Erhitzen von Zucker oder Fett bei höchster Stufe in der „schnellen Welle" löste sich der Kunststoff der meisten Behälter auf und es entstanden große Löcher in den Böden. Zum Einfrieren oder als Vorratsdosen im Kühlschrank bzw. zum Aufwärmen von Speisen mit der schnellen Welle sind Behälter aus Kunststoff sehr wohl geeignet. Dafür muss man aber nicht extra das meist teure Mikrowellengeschirr anschaffen. Porzellan oder Glas gehen mit Sicherheit keine Wechselwirkungen mit dem Füllgut ein und

sind daher für das Erhitzen in der Mikrowelle die erste Wahl. Da unglasiertes Tongeschirr (z. B. Römertopf) Wasser aufnimmt und sich selbst sehr stark erhitzt, ist es für die Mikrowelle nicht geeignet.

Welches Fett verwendet man am besten zum Braten?

Beim Braten und Frittieren geht es mitunter heiß her. Fette und Öle werden dabei so hoch erhitzt, dass gesundheitsschädliche Stoffe entstehen können. Die Verwendung hitzestabiler Fette wie zum Beispiel Rapsöl ist daher besonders wichtig.

Beim Braten und Frittieren werden Temperaturen zwischen 140 und 180 °C erreicht – dafür wählt man am besten Fette mit einem hohen Rauchpunkt. Dieser bezeichnet jene Temperatur, bei der ein Fett anfängt zu qualmen. Darüber entstehen für die Gesundheit schädliche Substanzen (z. B. freie Radikale). Wie lange ein Fett der Hitze standhält, hängt von dessen Zusammensetzung ab. Generell gilt: Je mehr gesättigte Fettsäuren oder einfach ungesättigte Ölsäure ein Fett enthält, desto höher liegt der Rauchpunkt. Fette mit einem hohen Anteil an mehrfach ungesättigten Fettsäuren wie z. B. Sonnenblumen- und Maiskeimöl und alle kalt gepressten (nativen) Öle sind dagegen hitzeempfindlich. Wertvolle ungesättigte Fettsäuren und Fettbegleitstoffe werden durch die hohen Temperaturen zerstört. Das Beeinträchtigt Geschmack und Gesundheitswert. Diese Öle verwendet man besser ausschließlich für die kalte Küche.

Raffiniertes Olivenöl ist bis zu 180 °C hitzestabil, denn es besteht von Natur aus zu etwa 15 % aus gesättigten Fettsäuren und zu etwa 70 % aus der einfach ungesättigten Ölsäure. So eignet es sich zum schonenden Braten. Rapsöl, Kokosfett sowie Erdnussöl besitzen besondere Hitzestabilität. Ihr Rauchpunkt liegt bei über 200 °C. Daher sind diese Fette am besten zum Braten und für die Fritteuse geeignet. Im Gegensatz zu Butter bewährt sich auch Butterschmalz in der heißen Küche – mehr als 170 °C kann man ihm aber nicht zumuten.

Darf man Pilzgerichte aufwärmen?

Ohne Weiteres können Reste von Pilzgerichten am nächsten oder übernächsten Tag aufgewärmt werden, wenn sie nach der Zubereitung rasch abgekühlt und im Kühlschrank aufbewahrt wurden.

Früher wurde empfohlen, Reste von Pilzgerichten wegzuwerfen und keinesfalls wieder aufzuwärmen. Man nahm an, aufgewärmte Pilzspeisen könnten giftig wirken. Diese Fehlmeinung stammt aus der Zeit der Kochkiste, als gegarte Speisen stundenlang warm gehalten wurden. In der heutigen Zeit ist diese Angst aber unbegründet. Richtig ist, dass Pilze leicht verderbliches Eiweiß und reichlich Wasser enthalten – eine unschlagbare Kombination für alle Verderbniserreger. Bei zubereiteten Gerichten haben diese durch zusätzliche Wärme und Luftsauerstoff dann leichtes Spiel. Die Mahlzeit sollte deshalb zugedeckt maximal zwei Tage im Kühlschrank gelagert und höchstens einmal wieder aufgewärmt werden. Gleiches gilt für Fischgerichte, wobei sich hier die maximale Lagerzeit auf einen Tag beschränkt. Es ist darauf zu achten, dass die Speise auch beim zweiten Mal vollständig erhitzt wird. Suppen oder Soßen kurz aufkochen, Aufläufe müssen auch im Inneren heiß sein. Abzuraten ist davon, sich beim warmen Buffet erst nach Stunden beim Pilzragout zu bedienen.

Risikofrei können auch industriell verarbeitete Pilze (z. B. als Pilzsoße oder auf Pizza) wieder erhitzt werden.

Pilze liefern einige ernährungsphysiologisch wertvolle Inhaltsstoffe, allen voran das knochenstärkende Vitamin D. Und zur Freude aller Figurbewussten sind die Sprösslinge des Waldbodens äußerst kalorienarm.

Wo soll was im Kühlschrank aufbewahrt werden?

Der Kühlschrank ist der ideale Lagerort für leicht verderbliche Lebensmittel. Sinnvoll dabei ist, die unterschiedlichen Temperaturbereiche des Kühlschranks gezielt zu nützen. Doch nicht alle Lebensmittel vertragen die tiefen Temperaturen.

Der Kühlschrank ist eine der hilfreichsten Erfindungen, denn er verlängert die Haltbarkeit vieler Lebensmittel. Da aber im Kühlschrank unterschiedliche Temperaturen herrschen, sollte nicht alles einfach dort hingestellt werden, wo gerade Platz ist. Im Innenraum des Kühlschranks soll es unter 4 °C haben, weil sich unterhalb dieser Temperaturschwelle keine Krankheitserreger vermehren können. Da kalte Luft absinkt, ist es im untersten Innenraum-Fach am kühlsten. Dort ist der ideale Aufbewahrungsort für besonders leicht verderbliche Lebensmittel wie Fleisch, Schinken und Wurst sowie Fisch. Milch und Milchprodukte fühlen sich im mittleren, Käse und zubereitete Speisen im oberen Bereich des Kühlschranks am wohlsten. In der Gemüselade des Kühlschranks finden kälteunempfindliche Gemüsearten wie Brokkoli, Karfiol, Salat, Karotten und Radieschen (ohne Grün) ideales Klima vor. Tomaten, Südfrüchten, Äpfeln und Birnen ist es im Kühlschrank zu kalt, Zwiebeln, Knoblauch und Kartoffeln zu feucht. Sehr wohl aber werden Beeren durch tiefe Temperaturen vor Schimmelbefall geschützt. Der Tür-Innenraum bietet optimale Lagertemperaturen für Getränke, Eier, Marmelade und Streichfette. Am besten werden Lebensmittel in einer geeigneten Verpackung vor dem Austrocknen sowie vor Geschmacksveränderungen geschützt. Wird das Gerät einmal monatlich gründlich gereinigt, schützt man Lebensmittel vor unerwünschten Keimen.

Wie bekommt man benutzte Schwammtücher hygienisch sauber?

Das Geheimrezept gegen Keime in Putzschwämmen und Schwammtüchern lautet: Mikrowelle. Nach vier Minuten bei 800–900 Watt ist ein Großteil der Mikroorganismen abgetötet.

Man glaubt es kaum, aber nicht das WC ist der am stärksten mit Keimen belastete Raum einer Wohnung, sondern die Küche. Feuchte und schmutzige Putzschwämme und Schwammtücher sind ein idealer Nährboden für Keime. Wärme und Feuchtigkeit dienen Bakterien als ideale Lebensgrundlage. Unter diesen Bedingungen vermehren sie sich optimal. Es ist daher wichtig, Schwämme und Tücher nach Gebrauch stets gut auszuspülen und anschließend luftig aufzuhängen (z. B. über den Wasserhahn). So können sie zwischendurch immer wieder trocknen. Wer seine Geldbörse schonen möchte, wäscht seine gebrauchten Schwammtücher oftmals in der Waschmaschine. Danach ist das Material aber ziemlich mitgenommen und viele Keime erfreuen sich immer noch bester Gesundheit. Hygienischer und einfacher klappt die Reinigung in Minutenschnelle direkt in der Küche. In der Mikrowelle werden gebrauchte Schwammtücher fast gänzlich „dekontaminiert". Erhitzt man die Tücher und Schwämme bei voller Wattstärke vier Minuten, werden dabei 99 % der Keime abgetötet. Da Mikrowellen Wassermoleküle in Bewegung bringen, muss man die Tücher feucht ins Gerät legen. Alle zwei bis drei Wochen tauscht man die Schwämme und Tücher am besten gegen neue aus.

Muss man angeschimmelte Käsestücke zur Gänze wegwerfen?

Generell gilt: Je höher der Wassergehalt und je poröser die Struktur, desto leichter können Schimmelpilz-Sporen ins Lebensmittelinnere vordringen. Schimmeliger Käse sollte deshalb immer zur Gänze entsorgt werden.

Bis vor einigen Jahren noch wäre wohl niemand auf die Idee gekommen, angeschimmelte Lebensmittel einfach wegzuwerfen. Die befallenen Stellen wurden entfernt, der Rest gegessen. Mittlerweile weiß man aber, dass einige Schimmelpilz-Arten für den Menschen hochgradig giftig sein können.

Schimmel vermehrt sich durch Sporen, die über die Luft auf Lebensmittel gelangen und dort auskeimen. Der sichtbare Schimmelpilzrasen ist oft nur die Spitze des Eisbergs. Darunter kann der Pilz unsichtbar in tiefere Schichten des Lebensmittels vorgedrungen sein, besonders bei wasserreichen und porösen Produkten. Schimmelpilze bilden Gifte, die über die Jahre unbemerkt schädigend auf Leber und Niere wirken. Um auf Nummer sicher zu gehen, wirft man schimmeligen Käse immer zur Gänze weg. Man kann nicht beurteilen, wie weit die Sporen und Gifte bereits ins Innere vorgedrungen sind. Am besten kauft man eher kleinere Käsestücke, damit der Verlust leichter zu verschmerzen ist.

Camembert, Gorgonzola und andere Edelschimmel-Käsesorten bewahrt man getrennt auf, sonst kann der Edel-Pilz auf andere Stücke übergreifen. Das ist zwar nicht gesundheitsschädlich, erschwert es aber, den erwünschten vom gefährlichen Schimmelpilzbefall zu unterscheiden.

Darf man gebrauchte Schraubgläser bedenkenlos weiter verwenden?

Gläser mit Schraubverschlussdeckeln sind für fetthaltige Lebensmittel nicht geeignet, da chemische Substanzen aus der Deckelbeschichtung ins Lebensmittel einwandern können.

Moderne Verpackungen von heute müssen viel können – vor allem aber müssen sie gesundheitlich unbedenklich sein. Schadstoffe aus der Verpackung will wohl niemand in seinem Lebensmittel haben. Immer wieder gibt es Berichte darüber, dass Substanzen aus den Packstoffen in die Lebensmittel übergehen – im Fachjargon ‚Migration' genannt. Probleme gibt es zum Beispiel bei Schraubgläsern mit Migration aus den Verschlussdeckeln. Damit Gläser luftdicht schließen, enthalten Schraubverschlüsse Dichtmassen. Daraus können bestimmte Weichmacher (z. B. Phthalate) in fetthaltige Lebensmittel übertreten. Einige dieser Weichmacher sind hormonell wirksame Substanzen, die im Tierversuch unfruchtbar machten. Eine Risikobewertung beim Menschen konnte bislang noch nicht vorgenommen werden. Alle Kombinationen aus Lebensmitteln und Verpackungen zu untersuchen, ist schlichtweg ein nicht zu bewältigender Aufwand mit erheblichen Kosten.

Aus derzeitiger Sicht muss daher von Gläsern mit beschichteten Twist-off-Deckeln (z. B. Gurkenglas) zur Aufbewahrung von fetthaltigen Lebensmitteln (z. B. Pesto, Marinaden) abgeraten werden. Stattdessen verwendet man besser Gläser mit Glasdeckel und Gummiring. Für selbst gemachte Marmeladen und andere ohne Fett eingelegte Köstlichkeiten können Schraubverschlussgläser aber bedenkenlos wiederverwendet werden.

Pflanzliches

Ist rohes Gemüse gesünder als gekochtes?

Ob man Gemüse roh oder gekocht bevorzugt, ist (fast) reine Geschmackssache. Hauptsache, man genießt es überhaupt und das täglich. Wer dabei möglichst alle schützenden Inhaltsstoffe ausnutzen will, isst es zuweilen roh und dann wieder gegart.

Die meisten Gemüsesorten punkten mit ganz speziellen Schutzstoffen, die es durch entsprechende Zubereitung zu schonen gilt. Besonders hitzeempfindlich sind die Vitamine C und Folsäure. Kraut, junger Spinat oder Paprika schmecken dem Körper deshalb vorzugsweise roh – pur oder als Salat. Kohlrabi, Karfiol oder Brokkoli sollten, wenn überhaupt, dann nur kurz gedämpft oder gedünstet werden. Das schont die darin enthaltenen sensiblen Senföle, die in den ableitenden Harnwegen antimikrobiell wirksam werden.

Ganz andere Temperatur-Vorlieben haben die bioaktiven Substanzen in Tomaten und Karotten. Der wertvolle Schutzstoff Lykopin in Tomaten, welcher durch sein antioxidatives Potenzial sogar das Krebsrisiko senken kann, mag es am liebsten heiß. Lykopin wird aus erhitzten Tomatenprodukten bis hin zum Tomatensaft besser vom Körper verwertet als aus rohen Tomaten. Genauso verhält es sich mit ß-Carotin aus Karotten und Kürbissen. Die Gemüsezellwände werden durch das Erhitzen weicher und das schützende ß-Carotin kann dadurch fünfmal besser aufgenommen werden als aus der rohen Karotte.

Es gibt auch Gemüsesorten, die erst durch Kochen für den menschlichen Verdauungstrakt bekömmlich werden: Hülsenfrüchte wie Fisolen und Bohnen wären roh sogar gesundheitsschädlich.

Was tun, wenn man zu viel Chili auf die Zunge bekommen hat?

Wasser löscht zwar den Durst, nicht aber das brennende Gefühl nach einer „Überdosis" Chili con Carne. Besser geeignet ist Fettes – auch zum Reinigen Chili-verunreinigter Hände.

Der so höllisch brennende Stoff in Chili heißt Capsaicin und löst auf Schleimhäuten eine Schmerzreaktion aus. ‚Scharf' ist also keine Geschmacksrichtung, sondern vielmehr ein Schmerzempfinden auf Zunge und Mundschleimhaut. Capsaicin ist so scharf, dass es selbst in einer Verdünnung von 1:2 Millionen noch wahrgenommen wird.

Die meisten Menschen begehen den Fehler und trinken reichlich Wasser nach, wenn sie zu viel Chili abbekommen haben. Das verteilt den Wirkstoff Capsaicin erst recht auf alle Schleimhautzellen, und es brennt sogar noch mehr. Etwas Fettes kann das Brennen schneller „löschen". Besser wäre es daher, einen Bissen Brot mit Butter oder Olivenöl beziehungsweise ein Stück Schokolade zu essen. Auch Joghurt lindert den Schmerz. Vielleicht trinkt man in Indien deshalb zum Essen so gerne das fruchtige Joghurtgetränk Lassi.

Beim Schneiden von Chilischoten ist es ratsam, Handschuhe zu tragen. Denn wer sich trotz Händewaschen danach unbeabsichtigt mit dem Finger ins Auge greift, wird oft sehr schmerzhaft an die Kochvorbereitung erinnert. Hat man keine Handschuhe zu Hause, reibt man sich nach dem Chilischneiden und vor dem gründlichen Händewaschen diese mit etwas Öl ein. Das löst das Capsaicin.

Übrigens sind nicht nur die Kerne, sondern auch die weißen Innenhäute von Chilischoten besonders scharf. Entfernt man diese, kann man dem Gewürz etwas an Schärfe nehmen.

Ist Chili gut oder schlecht für Magen und Darm?

Menschen mit Magenproblemen meiden scharfe Gewürze wie der Teufel das Weihwasser. Doch was auf den ersten Blick unverständlich scheint, wird durch immer neue Studien belegt: Chili wirkt auf die Magenschleimhaut mehr schützend als irritierend.

Die Schmerzreaktion auf den Kontakt mit Chili bzw. dessen Wirkstoff Capsaicin beschäftigt die Wissenschaft bereits seit vielen Jahren. So bedient sich die Medizin des Capsaicins unter anderem in der Behandlung von lokalen Schmerzen (z. B. lindert es in speziellen Pflastern Ischias-Schmerzen). Neuere Studien beschäftigten sich mit dem Effekt auf den Magen-Darm-Trakt. Es zeigte sich, dass Personen, die häufig zu Chili greifen, nur selten an Magengeschwüren leiden. Zwei Versuche an Freiwilligen, die entzündungshemmende Mittel mit dem Wirkstoff Acetysalicylsäure einnahmen, ergaben Folgendes: Bei jenen Probanden, die kurz zuvor Chili gegessen hatten, verursachte das Schmerzmittel weit weniger Schäden auf der Magenschleimhaut als bei jenen, die ohne Chili behandelt wurden. Acetysalicylsäure irritiert bekanntlich die Magenschleimhaut. Schmerzen, Übelkeit, Sodbrennen oder sogar Magenbluten können die Folge sein. Selbst Menschen mit verstärkter Magensäureproduktion oder Reizdarm konnten durch den Verzehr von Chili profitieren. Genau geklärt ist das Wirkprinzip von Capsaicin bislang noch nicht. Es gibt noch zu wenige Studien, um eine klare Empfehlung auszusprechen. Bis dahin muss jeder selbst herausfinden, ob ihm scharfes Essen guttut oder nicht. Ein generelles Einschränken der scharfen Esslust ist aber keinesfalls angebracht.

Welcher Salat enthält am meisten Vitamine und Ballaststoffe?

Salat ist für viele Menschen der Inbegriff für gesunde Ernährung. Besonders in der warmen Jahreszeit wird er gerne einmal als leichte Hauptmahlzeit gegessen, um damit dem Körper etwas Gutes zu tun. Damit Salat aber tatsächlich einen wesentlichen Beitrag zur Nährstoffversorgung leistet, dürfen ein paar bunte Farbtupfer im gemischten Blattsalat nicht fehlen.

Tatsache ist, dass es DEN Salat nicht gibt. Aus der Fülle an verschiedenen Gemüsesorten, die üblicherweise roh als Salat gegessen werden, wollen wir ein paar genauer unter die Lupe nehmen. Dabei legen wir das Augenmerk auf jene Nährstoffe, die besonders empfindlich sind oder in Österreich nachweislich zu kurz kommen: Folsäure ist ein hitzeempfindliches Vitamin der B-Gruppe, das für die Zellerneuerung nötig ist. Ballaststoffe halten den Darm in Schwung und finden sich in großen Mengen vor allem in Vollkornprodukten – leider aber nur in sehr wenigen Gemüsesorten. ß-Carotin kann sich durch seine antioxidative Kraft schützend vor die sensiblen Körperzellen stellen.

Die Tabelle zeigt, dass es kaum Allround-Talente gibt. Daher ist einmal mehr Vielfalt gefragt – auch auf dem Salatteller!

Ausgewählte Nährstoffe pro 100 g Gemüse

Sorte	mg Vitamin C	µg Folsäure	mg ß-Carotin	g Ballaststoffe
Empfohlene Tageszufuhr für Erwachsene	100	400	2–4	30
Kopfsalat	13	59	1,1	1,5
Endiviensalat	9,4	109	1,7	1,2
Vogerlsalat/Feldsalat	35	145	3,9	1,5
Chinakohl	26	66	0,4	1,9
Rucola/Rauke	k. A.	k. A.	1,4	1,6
Chicorée	8,7	50	3,4	1,3
Spinat	51	145	4,8	2,6
Gurke	8	15	0,4	0,5
Tomate	19	22	0,6	1,0
Karotte/Möhre	7	26	7,6	3,6
Paprika	117	57	0,5	3,6
Weißkraut	52	31	0,07	3,0
Mungbohnensprossen	11	46	k. A.	1,2
Radieschen	29	24	23	1,6
Knollensellerie	8	76	15	4,2
Karfiol/Blumenkohl	64	88	10	2,9

Quellen: Souci/Fachmann/Kraut: Die Zusammensetzung der Lebensmittel 2008

Warum soll man öfter zu Rotkraut greifen?

Rotkraut bietet nicht nur jede Menge Vitamin C, sondern punktet auch durch seine Antikrebswirkung. Dabei wirkt gekochtes Kraut sogar besser als rohes.

Wie das Weißkraut hortet der rote Bruder in seinen Blättern reichlich Vitamin C, B_6 und Folsäure sowie sättigende Ballaststoffe. Dies wissen vor allem die Bewohner der nördlichen Regionen Mittel- und Osteuropas wie Russland und Skandinavien zu schätzen. Dort spielen die kälterobusten Kohlsorten in den Wintermonaten seit jeher eine wichtige Rolle bei der Nährstoffversorgung.

Interessant ist, dass gekochtes Rotkraut sogar mehr Vitamin C als rohes enthält. Denn im Rohzustand schlummert das Vitamin für starke Abwehrkräfte als Ascorbigen im Kraut gebunden. Erst durch das Erhitzen entsteht daraus das eigentliche Vitamin C (Ascorbinsäure).

Gesundheitsfördernde sekundäre Pflanzenstoffe stecken im Rotkraut ebenfalls in bemerkenswert hohen Mengen. Die rot leuchtenden Anthocyane und die etwas bitter schmeckenden Senföle (Glucosinolate) können mithelfen, das Risiko für eine Reihe von Krankheiten zu senken. So dienen die Senföle als natürliches Antibiotikum im Kampf gegen Infektionen der Harnwege.

Anthocyane, wie man sie auch im Rotwein findet, wirken stark antioxidativ und damit zellschützend. Studien an der Universität Wien zeigten sogar, dass spezielle Rotkraut-Inhaltsstoffe im Körper die Produktion von wichtigen Schutz-Enzymen anregen. Diese helfen, krebserregende Stoffe aus dem Körper zu schleusen. Auch hierbei schneidet schonend gegartes Rotkraut besser ab als rohes.

Warum sind Kürbis und Spinat für die Augen genauso wichtig wie Karotten?

Das in Karotten enthaltene ß-Carotin ist zwar als Provitamin A für die Augen wertvoll, doch ein Mangel an Vitamin A ist in Österreich nicht zu befürchten. Viele Lebensmittel tragen dazu bei, diesen Bedarf zu decken. Deshalb sollte das Augenmerk auf andere wertvolle Schutzstoffe gerichtet werden.

Pflanzliche Lebensmittel verwöhnen uns mit einer Fülle verschiedener Carotinoide, von denen ß-Carotin zwar das bekannteste, aber nicht das einzig wirksame ist. In der Familie der Carotinoide gibt es hitzeempfindliche Sensibelchen, die speziell in Spinat, Kürbis und Lauch reichlich vorkommen. Zwei dieser wertvollen Naturstoffe – Lutein und Zeaxanthin – rücken zunehmend in den Mittelpunkt des wissenschaftlichen Interesses. Sie sind es nämlich, die das Auge nachweislich vor altersbedingten Krankheiten schützen können.

Genau am Punkt des schärfsten Sehens auf der Netzhaut, im sogenannten Gelben Fleck, werden diese beiden Carotinoide angereichert. Dort ist das Auge höchst empfindlich und bedarf daher besonderen Schutzes. Zum einen binden Lutein und Zeaxanthin freie Radikale. So spannen sie ihren antioxidativen Abwehrschirm über die dortigen hoch ungesättigten Fettsäuren. Zum anderen schlucken sie schädliche UV-Strahlen und verhindern so lichtbedingte Augenschäden. Studien konnten bereits zeigen, dass die Rate an altersbedingter Netzhautverkalkung (Makuladegeneration) umso geringer ist, je höher der Luteinspiegel im Blut ist.

Auch das Risiko für Grauen Star (Katarakt) kann mit einer reichlichen Aufnahme der beiden Carotinoide nachweislich gesenkt werden.

Will man also möglichst lange ohne Brille auskommen, schlemmt man am besten reichlich Spinat, Kürbis und Lauch. So kann die Sehkraft bis ins Alter gestochen scharf bleiben.

Enthalten Gemüse und Obst heute weniger Nährstoffe als früher?

Es scheint, als könne nur der tägliche Griff zur Vitamin- und Mineralstoffpille uns gesund erhalten, weil die verfügbaren pflanzlichen Lebensmittel im Vergleich zu früher weniger Nährstoffe aufweisen. Wissenschaftlich begründet ist diese Sorge aber nicht.

In den Köpfen vieler Menschen kreist das Vorurteil, die Böden und damit die pflanzlichen Lebensmittel seien durch intensive landwirtschaftliche Nutzung sowie durch negative Umweltfaktoren an Nährstoffen verarmt. Die Daten- und Faktenlage dazu ist aber insgesamt mager, teilweise widersprüchlich und hält einer wissenschaftlichen Analyse vielfach nicht stand. Denkbar wäre sehr wohl, dass den schnell wachsenden Pflanzen nicht mehr genug Zeit bleibt, ausreichend Nährstoffe zu bunkern.

In Nährwerttabellen ist für den Anteil eines Nährstoffes immer ein Mittelwert, der aus mehreren Einzelwerten berechnet wird, angegeben. Die abweichenden Einzelwerte sind darauf zurückzuführen, dass der Nährstoffgehalt von vielen Faktoren abhängig ist: Standort, Sorte, Klima, Anbauform, Düngung, Erntezeitpunkt, Reifegrad, Transport und Lagerung. Es macht sogar einen Unterschied, ob ein Apfel nahe des Stammes reift oder außen in der Krone, wo er viel Sonnenlicht abbekommt.

Das größte Problem ist nicht der veränderliche Nährstoffgehalt, sondern nach wie vor, dass zu wenig Gemüse und Obst gegessen wird. Wer die Empfehlung „fünfmal am Tag Gemüse und Obst" in die Tat umsetzt und einen Teil davon als Rohkost genießt, braucht sich über Nährstoffdefizite nicht den Kopf zu zerbrechen.

Ist tiefgekühltes Gemüse weniger wertvoll als frisches?

Kauft man frisches saisonales Gemüse oder Obst aus der Region, das kurz zuvor geerntet wurde, ist das sicher die beste Wahl. Wird hingegen vermeintlich frisches Gemüse vor dem Verzehr mehrere Tage bei Raumtemperatur gelagert, enthalten entsprechende Tiefkühlprodukte sogar mehr Vitamine.

Der biologische „Alterungsprozess" in vollreifen pflanzlichen Lebensmitteln beginnt unmittelbar nach der Ernte. Dabei ist die Lagertemperatur von Gemüse oder Obst relevant. Je höher die Temperaturen, desto schneller schreiten Verderbnisprozesse voran. So kann es sein, dass sogenanntes „frisches" Gemüse bereits mehrere Tage bei Zimmertemperatur dahingewelkt ist. Dementsprechend schlapp schauen manche Karotten oder Salate oft aus. Der traurige Anblick spiegelt meist sehr deutlich den Verlust an Vitaminen wider, den die einst nährstoffreichen Feldfrüchtchen hinnehmen mussten. Bereits nach einer üblichen Lagerdauer von drei Tagen kann Blattgemüse rund drei Viertel seines Vitamin-C-Gehalts einbüßen. Das spricht bei Frischgemüse im Idealfall für einen mehrmaligen Einkauf pro Woche.

Insofern ist Tiefkühlgemüse eine gute Wahl, insbesondere wenn es einmal schnell gehen soll. Dieses wird vollreif geerntet und sofort schockgefrostet. Nach vier Monaten Tiefkühllagerung hat es erst 15 % seiner Vitamine eingebüßt. Außerdem ist es bereits geputzt und in mundgerechte Stücke geschnitten. Das spart jede Menge Zeit beim Kochen.

Alles, was roh gegessen werden soll sowie Spargel, Kürbis, Tomaten und andere Saisongemüse kauft man am besten immer frisch zur Haupterntezeit. Bei knappen Zeitbudgets kann aber alternativ mit gutem Gewissen ganzjährig zu Tiefkühlgemüse gegriffen werden.

Welchen Nährstoffvorsprung bringt ein Frühstücksmüsli?

Sportler schwören darauf, traditionelle Genießer rümpfen verächtlich die Nase. Müsli ist nicht nach jedermanns Geschmack. Sind die Zutaten wohlüberlegt, kann der Mix aus Getreide, Milch und Obst aber bereits einen beachtlichen Teil der täglich notwendigen Nährstoffe liefern.

Enthält ein Müsli Vollkorn-Getreideflocken, Nüsse und/oder Sonnenblumen- oder Kürbiskerne, vermischt mit Milch oder Joghurt und Obst, dann hat es ordentlich was zu bieten: Ein Müsli wie auf der nächsten Seite beschrieben liefert ein Vielfaches der Nährwerte des klassischen Wiener Frühstücks (siehe Tabelle). Und das bei ähnlichem Kaloriengehalt!

Nicht in die Kategorie „Müsli" fallen die zuckersüßen Zerealien, die in den Supermärkten in allen Variationen boomen. Im Idealfall mischt man sich sein Lieblingsmüsli zu Hause aus den gewünschten Zutaten auf Vorrat zusammen. Besonders gut schmecken darin auch geröstete Kokos-Chips oder frische bzw. aufgetaute Beeren.

Nährstoffvergleich zwischen Müsli und Wiener Frühstück

Nährstoffe	Empfehlenswerte Tageszufuhr für Erwachsene	Müsli*	Wiener Frühstück**
Brennwert		629 kcal	602 kcal
Kalzium	1 000 mg	393 mg	50 mg
Magnesium	300–350 mg	215 mg	35 mg
Eisen	10–15 mg	4,8 mg	2,7 mg
Zink	7–10 mg	4,2 mg	2,3 mg
Kalium	2 000 mg	1 506 mg	263 mg
Vitamin C	100 mg	35,6 mg	1,25 mg
Vitamin B_1	1–1,2 mg	0,77 mg	0,38 mg
Vitamin B_6	1,2–1,5 mg	0,84 mg	0,29 mg
Folsäure	400 µg	90 µg	40 µg
Ballaststoffe	30 g	10 g	3,4 g

Berechnet mit DGE PC, Version 4.1.0 (2009).

*Müsli: 50 g Haferflocken, 15 g Sonnenblumenkerne, 15 g Rosinen, 250 g Joghurt oder Milch, 125 g Banane, 150 g Apfel

**Wiener Frühstück: 2 Semmeln, 20 g Butter, 30 g Press-Schinken, 1 Ei, 30 g Marmelade

Kann übermäßiger Obstgenuss zu einem positiven Alko-Test führen?

Niemand braucht eine Schnapsnase infolge übermäßigen Früchtekonsums zu fürchten. Exzessiver Obstgenuss kann auch nicht zu einem positiven Alko-Test oder Leberzirrhose führen. Das gilt ebenso für abendliche Früchte-Schlemmerei.

Wer kennt sie nicht? Die Geschichten von Alkoholkontrollen, bei welchen Abstinenzlern aufgrund eines positiven Alko-Tests der Führerschein entzogen wurde. Wohl aber sei den Kontrollen überreichlicher Obst(saft)-Genuss vorausgegangen. Die Horrormeldungen gehen noch weiter. Es werden Fälle beschrieben, wo jahrelanger maßloser Obstgenuss sogar zur sogenannten nicht-alkoholischen Leberzirrhose geführt haben soll.

Fakt ist: Der Verdauungstrakt des Menschen eignet sich – im Gegensatz zu Wiederkäuern – nicht als „Gärtank". Werden große Obstportionen gegessen, gelangen Teile des enthaltenen Fruchtzuckers in den Darm. Dort wird er von den Darmbakterien gespalten und tatsächlich vergoren. Diese Gärung ist allerdings keine alkoholische, sondern eine durch Milchsäurebakterien und andere nützliche Darmbewohner verursachte. Die unmittelbar spür- und riechbare Folge davon ist eine Gasbildung im Dickdarm. Da viele Menschen hier einen Zusammenhang mit der Tageszeit vermuten („Obst am Abend gärt"), sei an dieser Stelle darauf hingewiesen, dass der Zeitpunkt dabei keine Rolle spielt. Aufgrund des fehlenden Zusammenhangs beinhalten Diätempfehlungen bei nichtalkoholischer Fettleber auch nicht die Vorschrift, Obst zu meiden.

Maßlosem Obstgenuss steht demnach nichts im Wege, er liefert aber leider keine überzeugende Ausrede bei Konflikten mit dem Auge des Gesetzes!

Wie nährstoffreich ist Tofu wirklich?

Als Fleischersatz wird Tofu von Vegetariern hoch geschätzt. Im Zuge der „Veredelung" des Ausgangsprodukts, der getrockneten Sojabohne, geht leider ein Großteil der wertvollen Nährstoffe verloren.

Tofu wird in einem der Käseherstellung ähnlichen Verfahren aus Sojamilch gewonnen. Die aus den pürierten Bohnen und Wasser hergestellte Sojamilch wird zum Gerinnen gebracht und die wässrige Molke abgetrennt. Übrig bleibt ein Eiweißkuchen, welcher dann zu Tofu gepresst wird.

Bei einer Gegenüberstellung der Nährwerte von Sojabohne und Tofu macht das Endprodukt keine gute Figur. Der Vergleich hinkt zwar insofern, als getrocknete Sojabohnen in der Form hierzulande so gut wie nie am Teller landen, dennoch: Getrocknete Sojabohnen bestehen zu drei Vierteln aus Eiweiß, wovon im Tofu nur mehr ein Viertel übrig ist. Die 22 g Ballaststoffe der Bohne gehen zur Gänze bei der Tofuherstellung verloren, mit ihnen wertvolle Mineralstoffe. Ein ähnliches Bild zeigt sich bei den Vitaminen – mindestens 90 % davon büßt die Sojabohne im Zuge des Tofu-Produktionsprozesses ein. Seit es bei uns grünes Gemüse-Soja gibt, können ernährungsbewusste Genießer von den wertvollen Inhaltsstoffen der ganzen Bohne profitieren. Diese punktet mit knochenstärkendem Kalzium und dem für Nervensystem und Muskelkontraktion wichtigen Magnesium.

Es lohnt sich daher, öfters Gemüse-Sojabohnen auf den Teller zu bringen, anstatt zu hoch verarbeiteten Sojaprodukten wie Tofu zu greifen. Sojabohnen lassen sich – wie andere Hülsenfrüchte – zu Suppen, Eintöpfen und pur als Beilage zu Fisch und Fleisch verarbeiten.

Ist Dinkel der bessere Weizen?

Ginge es nach Hildegard von Bingen, so würde in der Ernährung ausschließlich Dinkel als universelles Lebens- und Heilmittel eingesetzt. Der Ruhm von Dinkel hält einer wissenschaftlichen Prüfung aber nicht stand. Entgegen der Meinung seiner Anhänger ist Dinkel auch kaum eine Alternative für Weizenallergiker.

„Ist ja mit Dinkelmehl gemacht!" Dieser Satz macht sogar aus Keksen und Kuchen, die daneben noch jede Menge Zucker und Fett enthalten, eine vermeintlich gesunde Mahlzeit. Seinen Ruf verdankt Dinkel der Äbtissin Hildegard von Bingen (11. Jhdt.). Ihre Anhänger schwören noch heute auf Dinkel als Basisdiät zur Prävention und Behandlung von allen Zivilisationskrankheiten einschließlich Krebs.

Anhand von Nährwertanalysen lassen sich zwischen Dinkel und herkömmlichem Weizen folgende nennenswerte Nährstoff-Unterschiede feststellen: Weizen liefert rund ein Drittel mehr Ballaststoffe und Kalzium sowie 50 % mehr Vitamin B_1. Bei Magnesium, Vitamin B_2 und den acht für den Menschen lebensnotwendigen Eiweißbausteinen sticht Dinkel tatsächlich Weizen aus. Da aber heute bei uns niemand mehr an Eiweißmangel leidet, spielt dieser Umstand nur bei veganer Ernährung eine Rolle. Häufig wird Dinkel als wertvolle Alternative für Weizenallergiker angepriesen. Aufgrund ihrer genetischen Verwandtschaft sind die Allergieauslöser in Dinkel und Weizen aber nahezu identisch. Im Fall einer Weizenallergie muss daher meistens auch Dinkel aus dem Essalltag gestrichen werden.

Für die Vorteile des ausschließlichen Verzehrs von Dinkel als Getreide liegen bisher keine gesicherten wissenschaftlichen Beweise vor. Damit aber bei Brot und Gebäck keine Langeweile aufkommt, empfiehlt es sich, die verschiedenen Sorten nach Lust und Laune abzuwechseln.

Was ist eigentlich Vollkornbrot?

Mit Vollkornbrot verbinden die meisten Menschen Brot, das möglichst viele unzerkleinerte Getreidekörner enthält. Das ist aber nicht immer richtig. Die ganzen Körner können wie weißes Mehl sehr fein vermahlen sein. Das tut auch dem Gesundheitswert keinen Abbruch.

Wird ein Brot als Vollkornbrot bezeichnet, muss es alle Bestandteile des Getreidekorns enthalten – egal, ob das Korn fein vermahlen, geschrotet oder ganz ist. Laut Lebensmittelgesetz dürfen in diesem Fall nur 10 % der Mehl- und Schrotbestandteile nicht aus vollem Korn bestehen. Manchmal ist Brot oder Gebäck außen übersät mit (Samen-)Körnern, im Inneren aber nichts als luftige weiße Masse. Ein „feines" Brot hingegen kann durchaus zur Gänze aus fein vermahlenem Vollkorn bestehen. Auch die Farbe gibt nicht immer Auskunft. Vollkornbrot muss nicht zwangsläufig dunkel sein. Wurde Weizen verwendet, ist es eher hell, nur Roggenvollkornmehl ist dunkel. Auch ein Zusatz von Malzmehl zum „Einfärben" des Brotes ist erlaubt. Bei Namen wie „Vollwert", „Mehrkorn" oder „Kraftkorn" kann man davon ausgehen, dass die Produkte keine Vollkornerzeugnisse sind.

Der Verzehr von Vollkornbrot ist in vieler Hinsicht empfehlenswert, da es alle wertvollen Bestandteile des Getreidekorns inklusive Randschichten und Keimling enthält. Ideal ist, wenn mindestens die Hälfte des wünschenswerten Brotkonsums durch Vollkornbrot abgedeckt wird. Die Umsetzung dieser Empfehlung wäre nicht nur für die Ernährungswissenschafter ein Grund zum Feiern. Vielmehr könnte der Körper sich über das Plus am Nährstoffkonto freuen (siehe Tabelle).

Beitrag ausgewählter Brotsorten (je 100 g) zur Nährstoffversorgung

	Ballaststoffe g	Eisen mg	Magnesium mg	Vitamin B_1 µg
2 Semmeln	3,0	1,2	30	98
2 Scheiben Weizen-Mischbrot	4,6	1,7	40	140
2 Scheiben Weizen-Vollkornbrot	7,4	2,0	60	250

Quelle: Souci/Fachmann/Kraut: Die Zusammensetzung der Lebensmittel 2008

Darf man nach dem Verzehr von Kirschen Wasser trinken?

Wie schön: Kirschenzeit ist keine Bauchweh-Zeit! Wer nach dem Genuss von Kirschen durstig ist, kann getrost zum Wasserglas greifen.

Zu Großmutters Zeiten fürchtete man sich davor, im Bauch könne ein „explosives" Gemisch entstehen, würde man nach dem Genuss der roten Früchte Wasser trinken. Früher verwendete man häufig Brunnenwasser, dessen Qualität nicht über jeden Zweifel erhaben war. Die Magen-Darm-Beschwerden kamen also vom Wasser, nicht vom Obst.

Heute wird spekuliert, dass die am Obst befindlichen Mikroorganismen den enthaltenen Zucker vergären. Wird zum Obst Wasser getrunken, würde die Magensäure zu stark verdünnt, um Bakterien und Hefen zu vernichten.

Täglich gelangen unzählige Keime in den Magen. Der Großteil davon wird von der Magensäure abgetötet. Auch verdünnt ist der Magensaft noch sauer genug, um den meisten unerwünschten Keimen den Garaus zu machen. Kommt es nach dem Genuss von Obst zu Bauchschmerzen (egal ob Wasser getrunken wird oder nicht), hat das eine andere Ursache: Früchte enthalten Fruchtzucker, dessen Aufnahme aus dem Dünndarm limitiert ist. Im Übermaß gegessen, gelangen Teile davon unverdaut in den Dickdarm. Dort wird der Fruchtzucker von den Darmbakterien abgebaut, wobei Gase freigesetzt werden. Das kann bei empfindlichen Personen zu Blähungen und Bauchschmerzen führen. Neben Kirschen gehören Weintrauben, Äpfel und Birnen zu den fruchtzuckerreichsten Obstsorten.

Wer nach dem Genuss von Früchten von schmerzhaften Blähungen geplagt wird, tut gut daran, die tägliche Obstration aufzuteilen. Die Intensität der Symptome ist nämlich immer abhängig von der auf einmal verzehrten Menge.

Muss man fünfmal am Tag Gemüse und Obst essen, um gesund zu bleiben?

Fünfmal die Menge, die in die eigene Hand passt, ist für jeden zu schaffen. Dabei braucht es auch nicht immer fünf Mahlzeiten. So kann schon mit einer ordentlichen Spinatportion oder einem großen Fruchtsalat der Empfehlung Genüge getan werden.

Laut Weltgesundheitsorganisation (WHO) hat ein zu geringer Obst- und Gemüseverzehr Mitschuld an jährlich 2,7 Millionen Todesfällen. Demnach ist der dringende Rat, fünfmal täglich Obst und Gemüse zu verspeisen, zwar nicht mehr neu, aber aktueller denn je. Bislang ist der Erfolg der Kampagne „5 am Tag", die den Obst- und Gemüseverzehr ankurbeln soll, aber eher mäßig. Das zeigt der aktuelle Österreichische Ernährungsbericht 2008 sehr deutlich. So werden statt der wünschenswerten 625 g nur rund 400 g gegessen. Ernährungsgesellschaften empfehlen drei Portionen Gemüse und zwei Portionen Obst pro Tag. Eine Portion entspricht etwa einer Handvoll Früchte oder Gemüse. In die Hand eines Erwachsenen passen davon etwa 125 g. Für viele Menschen ist es schwierig, „5 am Tag" in die Tat umzusetzen, da sie keine fünf Mahlzeiten täglich essen. Dabei ist es einerlei, wie und wann die 375 g Gemüse und 250 g Obst in den Speiseplan eingebaut werden. Man kann die fünf Portionen auch auf nur zwei oder drei Mahlzeiten verteilen. Wer zu Mittag zur Gemüseplatte greift, schafft damit mit links die empfohlene Gemüsemenge für den ganzen Tag. Eine der fünf Portionen kann auch durch ein Glas 100-prozentigen Gemüse- bzw. Obstsaft oder 25 g Nüsse ersetzt werden. Wichtig ist die Vielseitigkeit, denn in jeder Frucht und in jedem Gemüse stecken jeweils andere Stoffe, die unserem Körper Gutes tun. Je farbenfroher, desto besser!

Tierisches

Ist weißes Fleisch tatsächlich gesünder als rotes?

Fleisch kann, wenn man den Genuss auf moderate Mengen beschränkt, einen beachtlichen Beitrag zur Versorgung mit Eiweiß, Vitaminen und Mineralstoffen leisten. Ob rot oder weiß ist in puncto Fett und Cholesterin weniger von Belang als die Wahl des Teilstücks und dessen Zubereitung.

Der Mythos, weißes Fleisch sei gesünder als rotes, hält sich hartnäckig. Als Argument wird meist genannt, weißes Fleisch von Huhn oder Pute liefere weniger Fett und Cholesterin als rotes von Rind, Schwein oder Lamm. Ein Blick in die Nährwerttabelle genügt, um die These zu entkräften. Fett und Cholesterin unterscheiden sich viel stärker zwischen den Teilstücken eines Tieres als zwischen jenen verschiedener Tierarten. Hühnerbrust mit Haut hat etwa sechsmal so viel Fett wie ohne Haut. Bauchfleisch vom Schwein hat zehnmal so viel Fett wie ein mageres Karree. Schweine- oder Rinderfilet ist etwa genauso fettarm wie ein Putenbrustfilet und enthält gleich wenig Cholesterin. Dafür liefern Rind, Lamm und Wild jede Menge Eisen und Zink. Huhn und Pute können hier nur halb so gut punkten (wohl aber bei Vitamin B_6). Schweinefleisch ist wiederum der Gewinner beim Vitamin B_1.

Hochrangige europäische Krebsexperten formulierten im „Diet and Cancer Report" 2007 folgenden Appell: Nicht mehr als 300 g rotes Fleisch (inkl. Wurst) pro Woche essen, um Krebserkrankungen vorzubeugen! Diese Menge entspricht in etwa den Empfehlungen der Deutschen Gesellschaft für Ernährung, die sich für insgesamt nicht mehr als 300–600 g Fleisch pro Woche ausspricht (inkl. weißem Fleisch und Wurstwaren).

Deshalb gilt wie so oft: Abwechslung, moderate Mengen und fettsparende Zubereitung sind Trumpf!

Sind Eier bei erhöhtem Cholesterin ein Tabu?

Zweifellos gehört das Ei zu den cholesterinreichen Lebensmitteln unserer Ernährung. Das sonntägliche Frühstücksei darf man sich trotzdem mit gutem Gewissen gönnen.

Nahrungscholesterin spielt bei der Erhöhung des Blutcholesterins eine Rolle – wenn auch eine untergeordnete. Das haben Studien der letzten Jahre gezeigt. Eine genaue Analyse von 17 aufwendigen Forschungsarbeiten kommt zu dem Schluss, dass der Verzehr von 100 mg Nahrungscholesterin pro Tag das Gesamtcholesterin im Blut um nur 2,2 mg/dl erhöht.

Dennoch wird immer noch empfohlen, nicht mehr als 300 mg Cholesterin pro Tag mit dem Essen aufzunehmen. Ein Hühnerei enthält rund 230 mg Cholesterin. Es scheint jedoch wenig sinnvoll, gesunden Menschen mit normalen Blutfettwerten von Eiern oder Milchprodukten aufgrund des Cholesteringehalts abzuraten. Denn zu viele wertvolle Nährstoffe würde man dann nicht mehr aufnehmen. Bei krankhaft erhöhten Blutfetten ist im Einzelfall abzuklären, welche Ernährungsmaßnahmen zu treffen sind. Zielführender als das Weglassen oder das rigide Einsparen der Eier ist es, bestehendes Übergewicht abzubauen und den Fettanteil im täglichen Essen einzuschränken. Denn große Portionen fetter Wurstsorten, üppige Fleischsoßen und Plunder- wie Blätterteiggebäck richten in den Blutgefäßen weit größeren Schaden an als das Frühstücksei am Sonntag.

Stammen Eier aus Bodenhaltung von glücklichen Hühnern?

Besser als Käfighaltung ist die Bodenhaltung mit Sicherheit. Ob sie aber für die Hühner wirklich das Gelbe vom Ei ist, bleibt dahingestellt. Das angenehmste Dasein führt eindeutig ein Huhn, das in Bio-Freilandhaltung leben darf. Die Eier derart begünstigter Artgenossen sind naturgemäß am teuersten.

Seit 01.01.2009 dürfen Hennen in Österreich nicht mehr in Legebatterien beziehungsweise Käfigen gehalten werden. Für sogenannte „ausgestaltete Käfiganlagen" gilt noch eine längere Übergangsfrist, Neubauten sind jedoch keinesfalls gestattet. EU-weit wird diese Halteform erst ab 2012 verboten sein. Der Verkauf von Batterie-Eiern ist hierzulande jedoch nach wie vor erlaubt.

Bodenhaltung bedeutet für die Hühner, dass sie sich im Stall frei am eingestreuten Boden „bewegen" können. Gesetzlich dürfen sieben bis neun Hennen pro Quadratmeter und insgesamt maximal 6000 Hühner unter einem Dach leben. Die Ställe werden meist durch künstliches Neonlicht ausgeleuchtet. In unterschiedlicher Höhe angebrachte Sitzstangen, Scharrflächen sowie Nester sind weitere Grundlagen für diese Form der Haltung.

Ein Freiland-Huhn darf sich tagsüber uneingeschränkt auf den vorgeschriebenen 8 m^2 Grünauslauf bewegen. Bio-Freilandhennen haben es am besten. Sie können sich über mindestens 10 m^2 Auslauffläche im Freien freuen. Ihr Futter unterliegt strengen Bio-Kontrollen und vorbeugende Arzneimittelgaben, synthetische Aminosäuren sowie Farbstoffe sind verboten.

Die allein stehende erste Ziffer auf jedem Ei gibt Auskunft über die Haltungsform, die beiden Buchstaben danach über das Herkunftsland:

0 = Bio-Freilandhaltung
1 = Freilandhaltung
2 = Bodenhaltung
3 = Käfighaltung

AT = Österreich
BE = Belgien
DE = Deutschland
NL = Niederlande
PL = Polen
DK = Dänemark etc.

Ist Margarine besser als Butter?

Wer sich gerne Butter aufs Brot schmiert und sich an die empfohlenen Mengen hält, kann das mit ruhigem Gewissen tun. Butter besteht zwar aus tierischem Fett und enthält damit gesättigte Fettsäuren sowie Cholesterin, der Kaloriengehalt beider Streichfette ist aber etwa gleich.

Pflanzliche Fette sind ein wichtiger Bestandteil des ausgewogenen Essalltags. Die darin enthaltenen ungesättigten Fettsäuren und das Vitamin E werden von den Zellhüllen dringend für deren Elastizität und Stabilität gebraucht. Daher wird empfohlen, zum Kochen und für den Salat hochwertiges Öl (zum Beispiel Rapsöl) zu verwenden.

Was das Streichfett für Brot und Gebäck anbelangt, ist die Wahl eher Geschmackssache. Viele Genießer meinen, Butter sei durch nichts zu ersetzen. Wichtiger als das Was ist das Wie viel beim Brotaufstrich. 15–30 g dürfen es pro Tag für einen Erwachsenen sein – das entspricht etwa der Größe einer Portionsbutter in Hotels. Diese Menge ist für den Cholesterinspiegel kaum von Belang. Nur wenn man darüber hinaus beim Backen und Kochen ausschließlich auf Butter setzt, könnte das den Fettstoffwechsel negativ beeinflussen.

Für das Naturprodukt Butter spricht, dass es im Gegensatz zur Margarine aus nur einer einzigen Zutat (Rahm) besteht und ohne Zusatzstoffe auskommt. Der Anteil an den seit einigen Jahren kritisierten Trans-Fettsäuren konnte in haushaltsüblicher Margarine mittlerweile sehr stark reduziert werden.

Wer glaubt, mit normaler Margarine anstelle von Butter Kalorien zu sparen, der irrt. Denn Fett- und Energiegehalt sind bei beiden Streichfetten etwa gleich.

Wie wird „länger frische" Milch hergestellt?

Einen Mischling aus Frischmilch und H-Milch könnte man sie nennen. Geschmacklich kommt die „länger frische" fast an pasteurisierte Milch heran. Einmal geöffnet ist es mit dem Haltbarkeitsvorteil jedoch vorbei.

Wer nicht regelmäßig zum Einkaufen kommt und den merkbaren Kochgeschmack von H-Milch ablehnt, wird die „länger frische" Milch lieben. Im Fachjargon heißt diese ESL-Milch (Extended Shelf Life = längere Haltbarkeit im Regal). Anders als pasteurisierte Milch, die fünf bis sechs Tage haltbar ist, bleibt diese Milch ungeöffnet bis zu drei Wochen frisch. Die gängigste Methode zur Herstellung von ESL-Milch ist ein spezielles Erhitzungsverfahren: Dabei wird die Milch zuerst auf 75–80 °C vorerhitzt und dann mittels Wasserdampf-Injektion einige Sekunden auf mindestens 125 °C aufgeheizt. Beim blitzschnellen Abkühlen wird gleichzeitig die zugesetzte Wassermenge wieder entzogen. Die Verpackung muss mit dem Vermerk „hocherhitzt" gekennzeichnet sein. Bei dieser Methode bleiben annähernd viele Vitamine wie beim Pasteurisieren erhalten. Empfindliche B-Vitamine gehen zu 5–15 % verloren. Bei H-Milch muss man mit Verlusten von bis zu 20 % rechnen. Nur sehr sensible Gaumen bemerken sogar bei der ESL-Milch einen leichten Kochgeschmack.

Es zeigt sich, dass immer mehr Konsumenten von Frischmilch auf „länger frische" Milch umsteigen. Für den Handel hat die „länger frische" Milch Vorteile: Es kann in größeren Abständen geliefert werden und man muss seltener abgelaufene Milch entsorgen.

Unabhängig von der Erhitzungsform sollte eine einmal geöffnete Milch-Packung im Kühlschrank gelagert und innerhalb von drei Tagen aufgebraucht werden.

Verschleimt Milch die Atemwege?

Milch steigert weder das Risiko für Asthma noch führt sie zu einer vermehrten Schleimproduktion in den Atemwegen. Das konnte in Studien klar belegt werden.

Milchzucker besteht aus Schleimzucker (= Galaktose) und Traubenzucker (= Glukose). Der Name Schleimzucker weist darauf hin, dass dieser – chemisch leicht abgewandelt – auch in der Nasen- und Rachenschleimhaut vorkommt. Vielleicht kommt daher der Mythos, Milch verschleime die Atemwege. Eventuell hat auch das leicht schleimige Mundgefühl beim Trinken von Milch damit zu tun. Manche alternative Ernährungsformen verbannen die Milch überhaupt gleich ganz aus dem Essalltag.

Wissenschaftliche Studien konnten weder bei Gesunden noch bei Schnupfen- oder Asthmapatienten eine erhöhte Schleimproduktion nach Milchgenuss dokumentieren. Mehr noch: Eine an fast 15 000 Kindern durchgeführte Studie untersuchte, ob das Trinken von Bauernmilch (Rohmilch) in einem Zusammenhang mit dem Auftreten von Asthma stehe. Es zeigte sich, dass Rohmilchtrinker sogar ein geringeres Asthmarisiko als Milchverweigerer hatten. Eine ähnliche Untersuchung stellte diese Beziehung auch mit normaler Vollmilch fest. Selbst für Asthmatiker gibt es Entwarnung durch eindeutige Studien. Das australische „National Asthma Council" warnt deshalb Eltern asthmatischer Kinder davor, Milch gänzlich vom Speiseplan ihrer Sprösslinge zu streichen. Zu groß sei dadurch das Risiko für Mangelernährung und Osteoporose.

Das subjektiv empfundene schleimige Gefühl trat bei Blindverkostungen übrigens ebenfalls bei Sojamilch auf und scheint vom Fettgehalt der Milch zu kommen.

Flüssiges

Zählt Kaffee zur täglichen Flüssigkeitsmenge?

Lange Zeit wurde die Flüssigkeitsmenge aus Kaffee nicht zur täglichen Trinkmenge gezählt. Laut der Deutschen Gesellschaft für Ernährung beruhe dies aber auf einer fehlerhaften Interpretation wissenschaftlicher Studien. Denn in Maßen genossen tragen die koffeinhaltigen Getränke durch das enthaltene Wasser sehr wohl zur Aufrechterhaltung unserer Flüssigkeitsbilanz bei.

Kaffee wird gemeinhin als „Flüssigkeitsräuber" bezeichnet, weshalb das Heißgetränk bis vor kurzem nicht als Teil der täglichen Trinkmenge galt. Koffein hat zwar tatsächlich einen harntreibenden Effekt, dieser wird aber bei gewohnheitsmäßigen Kaffeetrinkern sehr rasch wieder kompensiert. Durch körpereigene Regelmechanismen befindet sich der Wasserhaushalt spätestens nach 24 Stunden wieder im Gleichgewicht. Werden nicht mehr als vier Tassen pro Tag getrunken, stört Kaffee die Flüssigkeitsbilanz nicht. Bei mehr als vier Tassen bzw. 250 mg Koffein kommt es aber tatsächlich zu gesteigerten Flüssigkeitsverlusten.

Die Gewohnheit, zu jeder Tasse Kaffee ein Glas Wasser zu trinken, schadet dennoch nicht. Personen, die sonst eher weniger trinken, gewöhnen sich so an die Aufnahme der empfohlenen Tagesmenge von 1,5 l Flüssigkeit. Wird der Kaffee mit einem kräftigen Schuss Milch (Caffè Latte oder Latte macchiato) getrunken, wandert damit noch eine ordentliche Portion Kalzium in die Knochen.

Ist Rote-Rüben-Saft gut für die Blutbildung?

Blassen Kindern und Frauen wurde in früheren Zeiten Rote-Rüben-Saft „verordnet". Wegen des blutroten Safts galt die Rote Rübe als blutbildende Heilpflanze. Da pflanzliches Eisen vom Körper nicht so gut verwertet wird wie tierisches, unterstützen Eier und Steak die „Frischblutkur" jedoch effektiver.

Blut verdankt seine Farbe den roten Blutkörperchen. Werden zu wenige davon gebildet, spricht man von Anämie. Äußerlich erkennbar ist dies an blasser Haut, die Betroffenen sind von Müdigkeit, Kopfschmerzen und Konzentrationsschwäche geplagt. Kein Wunder, sind die roten Blutkörperchen doch für den Sauerstofftransport im Blut zuständig. Eisen und das Vitamin Folsäure begünstigen die Bildung der roten Blutkörperchen. 100 g Rote Rüben liefern rund ein Zehntel der empfohlenen Tagesmenge an Eisen und ein Fünftel der Folsäuremenge für Erwachsene. Ein Teil der Nährstoffe bleibt aber beim Pressen im Rückstand zurück. Hinzu kommt, dass industriell hergestellter Saft kurz erhitzt wird, damit er länger haltbar ist. Der hitzeempfindlichen Folsäure bekommt diese Prozedur gar nicht gut.

Wer die Blutbildung im Körper begünstigen will, greift besser zum Ei oder hin und wieder zu einem Stück Rindfleisch. In nur einem Ei stecken ein Viertel der täglich empfohlenen Folsäuremenge und 12 % der Empfehlungen für Eisen. Zudem kann Eisen aus tierischen Produkten besser verwertet werden. Diese liefern daneben Vitamin B_{12}, das für die Blutbildung ebenfalls erforderlich ist.

Sind Smoothies ein Ersatz für Obst und Gemüse?

Obst und Gemüse kauen war gestern – jetzt wird es püriert und getrunken. Und schon hat man laut Herstellerangaben die Hälfte der fünf täglich empfohlenen Obst- und Gemüseportionen erledigt. Die meisten Smoothies sind aber wie Saft zu bewerten und können daher maximal eine der „5-am-Tag"-Portionen ersetzen.

Smoothies sollen so manchem Konsumenten den vermeintlich langweiligen Obst- und Gemüsekonsum schmackhaft machen. Eine gesetzliche Definition, wie Smoothies beschaffen sein sollen, gibt es nicht. In der Regel bestehen sie aus einem mehr oder weniger hohen Anteil an fein gemixten oder leicht stückigen Fruchtpürees, die mit Säften „trinkbar" gemacht werden. Ist der Anteil an Fruchtsaft größer als 50 %, ist das trinkbare Obst ernährungsphysiologisch nur wie Saft zu bewerten. In dem Fall soll maximal eine der „5-am-Tag"-Portionen „aus der Flasche" kommen. Stammt mindestens die Hälfte des teuren Inhalts aus Mark, Püree oder stückigen Bestandteilen, besitzt das Ganzfruchtgetränk auch mehr wertvolle Inhaltsstoffe als Saft. Zuckerzusatz erübrigt sich. Diese ernährungsphysiologisch als „gut" eingestuften Smoothies können gelegentlich bis zu zwei Portionen Obst pro Tag ersetzen. Obst wohlgemerkt, denn der Gemüseanteil ist meist verschwindend klein. Das geringere Volumen, der bescheidene Ballaststoffanteil und das Entfallen der Kautätigkeit tragen aber kaum zur längerfristigen Sättigung bei. Hochwertige Smoothies können mit dem Mixer oder Pürierstab einfach und preiswert zu Hause aus frischen oder aufgetauten Früchten mit etwas Fruchtsaft selbst hergestellt werden.

Ist Kaffee ohne Milch bekömmlicher als mit Milch?

Ob der Kaffee mit oder ohne Milch getrunken wird, ist nicht immer nur eine Frage des Geschmacks. Für empfindliche Mägen ist es empfehlenswert, den Kaffee ohne Milch zu trinken. Die Kontaktzeit der Kaffee-Röststoffe mit der Magenschleimhaut kann so verkürzt werden.

Die Röststoffe des Kaffees (v. a. Chlorogensäure) steigern die Produktion von Magensäure und können bei empfindlichen Personen Sodbrennen oder Schmerzen auslösen. Wer seinen Kaffee am Morgen nüchtern mit Milch trinkt, verlängert dadurch die Verweildauer des Getränks im Magen. Die reizenden Röststoffe können dann länger auf die Magenschleimhaut einwirken als beim Genuss von schwarzem Kaffee. Wird der Kaffee nach dem Essen getrunken, hat das Weglassen der Milch allerdings keinen Einfluss auf die Bekömmlichkeit. Ist der Magen gefüllt, verbleibt auch das Getränk länger dort – egal ob mit oder ohne Milch.

Ab vier Tassen Kaffee pro Tag führt Koffein zu gesteigerten Kalziumverlusten über die Niere. Wird der „Kalziumräuber" also mit Milch genossen, kann diesen Verlusten vorgebeugt werden. Zwei Tassen Milchkaffee mit je rund 1/8 l Milch pro Tag liefern 300 mg Kalzium. Damit tragen Caffè Latte, Cappuccino oder Latte macchiato zu einem knochenstärkenden Essalltag bei.

Sind Getränke aus Sirup geeignete Durstlöscher?

Angesichts von umgerechnet bis zu sieben Stück Würfelzucker pro Glas ist nach dem Genuss eines Getränks aus Sirup der Durst sicher größer als vorher – außer man verdünnt ein bis zwei Esslöffel Sirup mit 250 ml Wasser.

Sirupe werden hergestellt, um Fruchtsäfte länger haltbar zu machen. Durch die reichliche Zugabe von Zucker können sie auch ungekühlt lange aufbewahrt werden. Diese Fruchtsirupe enthalten einen mehr oder weniger hohen Anteil an Fruchtsaft und damit neben Fruchtzucker auch andere fruchteigene Inhaltsstoffe. Viele der heute im Handel erhältlichen Sirupe sind aber konzentrierte Zuckerlösungen mit einem Zuckeranteil von bis zu 75 % sowie Aroma- und Farbstoffen. Werden diese Sirupe laut Herstellerempfehlung im Verhältnis 1 : 6 mit Wasser verdünnt, enthält ein Viertelliter des fertigen Getränks bis zu 28 g Zucker. Das entspricht sieben Stück Würfelzucker. Damit enthält es fast ebenso viel Zucker wie handelsübliche Limonaden und Colagetränke. Genau wie diese liefern Getränke aus Sirup dem Körper darüber hinaus aber keine nennenswerten Nährstoffmengen.

In der Kategorie „Durstlöscher" verdienen Sirupgetränke daher nur einen Platz, wenn sie im Verhältnis 1 : 20 – rund ein bis zwei Esslöffel pro Glas – verdünnt werden. So können sie durchaus die Langeweile im Trinkalltag durchbrechen.

Verbessert O_2-Wasser die Sauerstoffversorgung des Körpers?

Für die Sauerstoffsättigung des Blutes spielt angereichertes Wasser keine Rolle, diese erfolgt vollständig über die Lunge. Ein effektiverer Weg zur Sauerstoffaufnahme als angereichertes Wasser zu trinken ist: Raus an die frische Luft!

Sauerstoff (O_2) ist zweifellos ein Lebenselixier. Seit einigen Jahren wird sauerstoffangereichertes Wasser zu stolzen Preisen an gutgläubige Konsumenten verkauft. Es handelt sich um Wasser, das laut Werbeaussagen bis zu 40-mal mehr Sauerstoff als normales Leitungswasser enthält. Schenkt man den Herstellern Glauben, so steigert dieses Wasser die körperliche Leistungsfähigkeit und Ausdauer, es stärkt die natürlichen Abwehrkräfte, verbessert die Fettverdauung und optimiert den Stoffwechsel. Sogar von positiven Einflüssen auf den Blutfluss, Lungen- und Atemwegserkrankungen, Herzkrankheiten, Vergiftungen und vielem mehr wird berichtet. Veröffentlichte klinische Studien, die diese Aussagen untermauern, sind jedoch nicht zu finden. Wohl aber solche, die keinen Effekt des sauerstoffangereicherten Wassers zeigten. Kein Wunder, denn Blut wird in der Lunge durch eingeatmeten Sauerstoff (100 ml O_2 pro Atemzug) nahezu vollständig gesättigt. Die Sauerstoffmengen, die über den Darm aufgenommen werden können, sind irrelevant. Sauerstoffwasser liefert je nach Hersteller pro Liter 24–226 ml O_2, also maximal jene Menge, die wir mit nur zwei Atemzügen aufnehmen.

Der Griff zur teuren Flasche lohnt sich daher nicht, zumal viele der angebotenen Produkte auch im Geschmackstest schlecht abschneiden.

Ist Rotwein gesünder als Weißwein?

Geringe Mengen Wein scheinen der Gesundheit des Herzens förderlich zu sein. Das gilt für Rotwein genauso wie für Weißwein. Beim Krebsrisiko wirken sich Rot- und Weißwein jedoch gleichermaßen negativ aus.

Rotwein-Trinken soll das Leben verlängern. Mittlerweile wird an jedem Stammtisch darüber gefachsimpelt, dass Rotwein „gut für das Herz" sei. Die Weißwein-Lobby scheint geschlafen zu haben, denn mittlerweile wurden schon Studien gesichtet, die für Weißwein, Roséwein und Sekt einen ähnlich herzschützenden Effekt belegen. Die Wissenschaft geht davon aus, dass das „French Paradoxon" auf den Alkohol selbst, die vermehrte Kräuterzufuhr in den französischen Regionen sowie die gesamte Ernährungsweise zurückzuführen ist.

In der Diskussion um die Vorteile des Alkohols in Bezug auf die Gesundheit des Herzens sind auch die Risiken zu berücksichtigen. Denn regelmäßiger Alkoholkonsum schädigt praktisch alle Organsysteme und fördert die Karzinomentstehung in Mund, Rachen, Speiseröhre, Leber, Brust und Dickdarm. Natürlich macht die Dosis das Gift, weshalb zu moderatem Weingenuss geraten wird. Internationale Krebsgesellschaften empfehlen Männern maximal 20 g und Frauen maximal 10 g Alkohol pro Tag aufzunehmen. Zum Vergleich: Eine Flasche Bier (0,5 l) enthält rund 20 g, 1/4 l Wein rund 24 g Alkohol. Wobei sich die Leber über mindestens zwei alkoholfreie Tage pro Woche freut. In dieser Zeit kann sie sich wieder vollständig erholen. Wer hin und wieder gerne ein Gläschen trinkt, kann ganz nach Geschmack zu Rot- oder Weißwein greifen.

Wärmt Glühwein im Winter tatsächlich?

Wer glaubt, sich bei tiefen Temperaturen mit Alkohol warm halten zu können, irrt. Im Gegenteil: Alkohol erweitert die Blutgefäße. Dadurch kühlt der Körper sogar noch schneller aus.

Glühwein, Punsch und Jagatee sind beliebte Mittel, um sich an kalten Wintertagen „von innen" aufzuwärmen. Dass Alkohol wärmt, ist leider ein weitverbreiteter Irrglaube. Alkohol erweitert die Blutgefäße, woraufhin mehr Blut durch die Adern fließen kann. Dies erzeugt kurzfristig das Gefühl von Wärme. Da gleichzeitig mehr Blut unter der Haut zirkuliert und die Poren sich öffnen, wird die Körperwärme besonders rasch an die Umgebung abgegeben. Die Folge: Man kühlt aus. Abgesehen davon regt Alkohol die Nierentätigkeit an, wodurch dem Körper unnötig Flüssigkeit entzogen wird. Der Zucker- und Alkoholgehalt des Glühweines schlägt natürlich gleichfalls kalorienmäßig zu Buche.

Bei Minusgraden wärmen Kräuter- und Früchtetee, heiße Zitronenlimonade oder Ingwertee – mit wenig oder ohne Zucker – sowie warme Milch- oder Kakaogetränke schnell auf. Generell gelten in der kalten Jahreszeit übrigens die gleichen Trinkempfehlungen wie im Sommer: 1,5 l Flüssigkeit wünscht sich unser Körper täglich mindestens.

Hier ein Punschrezept, das bei Kälte wärmstens zu empfehlen ist:

Orangenpunsch

750 ml Früchtetee
250 ml Orangensaft, direkt gepresst
Saft von 1 Zitrone
2 fingerdicke Scheiben geschälter Ingwer
1 Stück Zimtrinde
8 Gewürznelken
Zucker nach Geschmack

Früchtetee mit den Gewürzen zubereiten und mit den Fruchtsäften mischen. Nach Belieben süßen. Abseihen und heiß genießen.

Fördert Schnaps nach dem Essen die Verdauung?

Viele Menschen schwören auf den traditionellen Verdauungsschnaps nach einem opulenten Mahl. Leider bleibt dieses Ritual aber ohne Folgen für die Verdauung.

Wenn die Augen wieder einmal größer waren als der Magen, dann möchten wir ihm bei seiner Schwerarbeit ein wenig helfen. Ein Schnaps nach dem Essen, so heißt es, mache das Fett löslicher und die Galle könne dann besser damit umgehen. Diese sprichwörtliche Schnapsidee kommt sehr wahrscheinlich daher, dass Alkohol Fettflecken z. B. von Stoffen zu entfernen vermag. Im Verdauungstrakt wirkt er aber leider nicht so einfach.

Die Verweilzeit der Speisen im Magen ist abhängig von ihrer Zusammensetzung. Während fettarme Speisen den Magen nach zwei bis drei Stunden verlassen, können fettreiche Speisen bis zu sechs Stunden im Magen bleiben und dort das bekannte Völlegefühl auslösen. Die vermeintliche Verdauungshilfe Schnaps entpuppt sich aber als Betrüger: Es wurde gezeigt, dass Hochprozentiges keinen Einfluss auf die Magenentleerungsrate hat und – im Gegensatz zu Wein und Bier – die Magensäuresekretion nicht stimuliert. Auch wenn viele sich durch den Genuss eines „Schnäpschens" nach einem üppigen Mahl deutlich erleichtert

fühlen, so trügt der Schein. Das wohlige Gefühl kann vielmehr auf die berauschenden Folgen des Alkohols zurückgeführt werden.

Eine echte Verdauungshilfe kann dagegen eine Tasse Kaffee (egal ob Espresso oder Filterkaffee) sein. Diese wirkt im Magen erwiesenermaßen als Säurelocker. Auch ein Glas Wein oder Bier zum Essen kann aufgrund seiner säurelockenden Eigenschaft dem Magen auf die Sprünge helfen.

Sportliches

Soll man zu Magnesiumpräparaten greifen, um Wadenkrämpfen vorzubeugen?

Die vorsorgliche Einnahme von Magnesium in Form von (Brause-) Tabletten und Kapseln ist unter Sportlern weit verbreitet. Einem Magnesiummangel kann aber durch ausgewogene Ernährung nebenwirkungsfrei vorgebeugt werden.

Magnesium ist an vielen Stoffwechselvorgängen im Körper beteiligt. Es steuert u. a. den „Dialog" zwischen Muskeln und Nerven und ist so mitverantwortlich für das einwandfreie Funktionieren des gesamten Muskelapparates. In Schwangerschaft und Stillzeit, in Wachstumsphasen, bei körperlicher Anstrengung oder Stress kann der Bedarf erhöht sein. Erste Anzeichen für eine Magnesiumunterversorgung sind die vom Sportler gefürchteten Muskelkrämpfe oder Muskelzittern.

Um in den Genuss der täglich empfohlenen Magnesiummenge (für Jugendliche und Erwachsene je nach Alter und Geschlecht 300–400 mg) zu kommen, sind keine Magnesiumpräparate notwendig. Generell gilt es, alle Nährstoffe – so auch Magnesium – in Form natürlicher Lebensmittel aufzunehmen. Dort wirken nicht nur die einzelnen Nährstoffe, sondern vor allem ihr Zusammenspiel miteinander. Da Magnesium in vielen Lebensmitteln vorkommt, ist es problemlos möglich, den Bedarf über die Ernährung zu decken. Besonders magnesiumreich sind Hülsenfrüchte, Vollkornprodukte, Nüsse, Samen, Fisch und Geflügel.

Erst wenn durch übermäßiges Schwitzen merkbare Magnesiumdefizite auftreten (Wadenkrämpfe), kann an ein Supplement gedacht werden. Eine Magnesiumaufnahme, die den Bedarf übersteigt, kann mitunter zu Muskelschwäche und Durchfall führen. Bevor man daher zur Brausetablette greift, knabbert man lieber eine Handvoll Nüsse oder Sonnenblumenkerne.

Wie lange muss man laufen, um die Kalorienmenge von einer halben Packung (87,5 g) Kartoffelchips abzubauen?

490 kcal stecken in einer halben Packung Kartoffelchips, die man ganz problemlos an einem Fernsehabend nebenbei knabbert. Damit diese Kalorienmenge sich nicht an Hüfte, Bauch oder Po absetzt, muss *frau* bzw. *mann* 7–8 km laufen.

Der mengenmäßige und direkte Kalorienverbrauch beim Sport wird sehr oft überschätzt. Als Faustregel beim Laufen gilt: Pro Kilometer setzt man das eigene Körpergewicht in Kilokalorien um. Ein 70 kg schwerer Mann muss demnach 7 km laufen, um die 490 kcal einer halben Packung Kartoffelchips zu verbrennen. Diese Distanz entspricht 18 Runden um ein Fußballfeld. Eine 60 kg schwere Frau muss das Feld gleich 20,5-mal umrunden.

Wer abnehmen will, kommt nicht darum herum, langfristig seine Ess- und Trinkgewohnheiten zu ändern. Alleine durch Sport abzunehmen, ist sehr schwierig. Dabei ist die muskuläre Fettverbrennung während eines Trainings kaum relevant für eine langfristige Reduktion des Körperfettanteils. Das einzig entscheidende Kriterium ist eine negative Energiebilanz – sprich: Der Kalorienverbrauch eines Tages muss höher sein als die Kalorienzufuhr. Bezogen auf den Zeitaufwand bewirkt Krafttraining aufgrund des viel zitierten „Nachbrenneffekts" sogar eine effizientere Körperfettreduktion als Ausdauertraining. Dies ist damit zu erklären, dass Fett ausschließlich in den Muskelzellen des Körpers verbrannt wird. Jeder Zuwachs an Muskulatur verbessert demnach die Fettverbrennung – das gilt gleichfalls für die ruhende Muskulatur.

Warum sollten Sportler öfter zu Fisch greifen?

Hochwertiges, leicht verdauliches Eiweiß macht Fisch längst zu einem wertvollen Trainingspartner. Für sportlich Aktive hat das Flossentier einen weiteren Nährstoff im Talon: ungesättigte Omega-3-Fettsäuren. Diese wirken blutverdünnend und sorgen dafür, dass Sauerstoff und Nährstoffe dorthin kommen, wo sie dringend gebraucht werden – in der Muskelzelle.

Ernährungswissenschaftler und Mediziner sind sich einig: Fisch verdient aufgrund seiner einzigartigen Nährstoffdichte einen Platz unter den Top-Ten-Lebensmitteln für sportlich Aktive. Neben hochwertigem Eiweiß, Vitamin D und Jod punktet Fisch vor allem aufgrund des hohen Anteils an ungesättigten Omega-3-Fettsäuren. Diese einzigartigen Fettsäuren verwöhnen den Sportler gleich mehrfach. Studien haben gezeigt, dass die aus Fischöl stammenden Omega-3-Fettsäuren die Fließeigenschaften des Blutes verbessern und Herzleistung sowie Herzschlagvolumen erhöhen können. Dadurch wird die Muskulatur besser mit Sauerstoff und Nährstoffen versorgt. Dies wirkt sich unmittelbar auf Leistung und Ausdauer aus. Vor allem Meeresfisch aus kalten Gewässern (Lachs, Hering, Makrele) ist reich an Omega-3-Fettsäuren. Jedoch auch heimische Fischsorten wie Forelle oder Zander enthalten diese essenziellen Fettsäuren.

Mehr als genug Gründe also, dieses maßgeschneiderte Sportlerlebensmittel gemäß den Empfehlungen ein- bis zweimal wöchentlich auf den Tisch zu bringen.

Reicht normales Leitungswasser als Sportlergetränk?

Wer Sport treibt, verliert Flüssigkeit und muss diese Verluste wieder ausgleichen. Bei einer Belastungsdauer von unter einer Stunde sind (Mineral-)Wasser oder ungesüßter Kräutertee als Durstlöscher im Anschluss an Training oder Wettkampf völlig ausreichend. Steht eine längere Sporteinheit auf dem Programm, gilt es neben Wasser auch Nährstoffe zu ersetzen.

Sportlergetränke boomen und zieren beinahe jeden Flaschenhalter hipper Mountainbikes und gemütlicher City-Cruiser. Für einen halben Liter eines fertigen Getränks muss man dabei bis zu 2 Euro berappen. Vielen ambitionierten Sportlern ist es das auch wert, soll das Getränk laut Herstellerangaben doch „maßgeschneidert" leistungsfördernd wirken. Ein laufender Flüssigkeits- und Nährstoffersatz ist allenfalls notwendig, wenn länger als 60 Minuten gesportelt wird. Darunter reicht es, die Verluste nach dem Training oder Wettkampf mit Wasser oder Mineralwasser auszugleichen.

Wer länger läuft, radelt, walkt oder wandert, greift am besten von Beginn an etwa alle 20 Minuten zur Flasche. Bei intensiver Anstrengung verliert der Körper ca. einen Liter Schweiß pro Stunde – und damit eine Menge an Mineralstoffen und Spurenelementen. Neben Flüssigkeit müssen vor allem Natrium, Kalium und Chlorid ersetzt und neue Energie in Form von Kohlenhydraten nachgeliefert werden.

Ein ideales, selbst gemachtes und preisgünstiges Sportlergetränk besteht aus je einem halben Liter Fruchtsaft und Wasser, gemischt mit einer Messerspitze Kochsalz.

Warum ist Bier während und nach dem Sport kein ideales Getränk?

Kaum etwas erfrischt nach dem Sport mehr als ein kühles Bier. Aber: Alkoholfrei muss es sein, denn Alkohol behindert die Regeneration der Kohlenhydratspeicher. Eine Stunde danach darf man sich dann mit gutem Gewissen ein Glas Bier gönnen.

Für viele Menschen ist ein Glas Bier nach dem Sport der Inbegriff von Genuss. Bedauerlicherweise ist das geliebte Bier vor oder während der Anstrengung genau das falsche Getränk. Untersuchungen zeigen, dass Alkohol die Nutzung der Zuckerreserven des Körpers hemmt. Dieser Zucker hält in den Phasen zwischen den Mahlzeiten den Blutzuckerspiegel auf dem für körperliche Leistungen nötigen Niveau. Die Folge können Unterzuckerung und damit verbundener Leistungsabfall sein. Zudem wird durch Alkohol verstärkt Wasser über die Niere ausgeschieden. Dies führt zu „Austrocknung" und Mineralstoffverlusten. Darüber hinaus erhöht Alkohol Magnesiumverluste mit dem Schweiß und verlängert die Erholungsphase der Muskulatur.

Im Anschluss an die Trainingseinheit verzögert Alkohol das Wiederauffüllen der geleerten Kohlenhydratspeicher in der beanspruchten Muskulatur.

Mengenmäßig limitiert und zeitverzögert getrunken, stehen alkoholische Getränke hingegen nicht im Widerspruch zu einem ausgewogenen Ess- und Trinkalltag des Sportlers. Ein Glas Bier oder Wein frühestens eine Stunde nach dem Training darf man sich daher mit gutem Gewissen gönnen. Der erste Durst sollte besser mit (Mineral-)Wasser oder verdünnten Fruchtsäften gelöscht werden. Ein alkoholfreies Bier ist ebenfalls eine Alternative.

Liefern Energy-Drinks zusätzliche Energie beim Sport?

Energie in Form von Zucker liefern Energy-Drinks tatsächlich. Die meisten Produkte dieser Klasse sind aber für Sportler denkbar ungeeignet, da der hohe Zuckergehalt die Flüssigkeitsaufnahme in den Körper verzögert.

Nach wie vor können Hersteller von Energy-Drinks schwarze Zahlen in ihren Bilanzen vorweisen. Kann aber der Inhalt der Dosen das halten, was die Werbung für diese Produkte verspricht? Energiereich im Sinne von Kalorien sind die „Gummibären"-Drinks wahrlich. Die rasch verwertbare Energie wird in Form von sieben bis acht Stück Würfelzucker und anderen Zuckerarten pro Dose dargeboten. Belege für leistungssteigernde Effekte des Inhaltsstoffs Taurin stammen wohl aus dem Zauberbuch des Miraculix, wissenschaftlich bestätigt wurde diesbezüglich bislang nichts.

Nach heutigem Wissensstand ist Koffein der einzige Inhaltsstoff dieser „Power"-Getränke, dem eine belebende Wirkung nachgewiesen werden kann. Koffein wirkt aufputschend und stimuliert das Zentralnervensystem sowie die Herztätigkeit. Beim Genuss großer Mengen sind Nervosität und Reizbarkeit bis hin zu Herzrhythmusstörungen und Krämpfen nicht auszuschließen.

Bei sportlicher Belastung steht der Ausgleich von Flüssigkeitsverlusten an erster Stelle. Hier genügt es, Wasser zu trinken. Wenn viel geschwitzt wurde, sind gespritzte Fruchtsäfte mit natriumreichem Mineralwasser günstig. Der hohe Zuckergehalt von Energy-Drinks führt dazu, dass die Flüssigkeit vom Körper nur verzögert aufgenommen werden kann. Die durstigen Zellen warten dann unnötig lange auf den Erfrischungskick.

Beachtliches

Ist Himalaya-Salz wertvoller als herkömmliches Speisesalz?

Himalaya-Salz bietet keinen Vorteil im Vergleich zu normalem Speisesalz. Die von den Herstellern geäußerten Werbeaussagen sind nicht haltbar.

Seit mehreren Jahren wird Himalaya-Salz mit einer Reihe von Heilsversprechen angeboten. So soll es dank seines „spezifischen Schwingungsmusters" giftige Stoffe lösen und aus dem Körper schwemmen, den Blutdruck senken, Gicht sowie rheumatische Beschwerden lindern und sogar Krebs „positiv beeinflussen". In den Augen der Befürworter ist Natriumchlorid (NaCl) bzw. herkömmliches Speisesalz ein gefährliches Zellgift. Allerdings enthält Himalaya-Salz genau wie herkömmliches Speisesalz rund 98 % NaCl. Sowohl Natrium (Na) als auch Chlorid (Cl) sind lebensnotwendige Mineralstoffe, die für einige Körperfunktionen unerlässlich sind. Der Anteil an anderen Mineralstoffen und Spurenelementen im Himalaya-Salz ist so gering, dass mit üblichen Verzehrsmengen kein nennenswerter Beitrag zur Bedarfsdeckung dieser Nährstoffe geleistet wird. Zwei Teelöffel des „Wundersalzes" enthalten beispielsweise etwa 5 mg Magnesium. Der Tagesbedarf liegt für Jugendliche und Erwachsene bei 300–400 mg. Im Unterschied zum Speisesalz, das in Österreich seit 1963 verpflichtend mit Jod angereichert wird, enthält Himalaya-Salz kein Jod. Damit leistet es keinen Beitrag zur Prävention der durch Jodmangel bedingten Vergrößerung der Schilddrüse (Kropf). Ein wesentlicher Unterschied ist auch der Preis: Himalaya-Salz kostet das 20-fache von normalem Salz.

Es besteht also kein Grund dafür, das hochpreisige Salz statt des hochwertigen jodierten Speisesalzes zu verwenden.

Wie schmeckt „umami"?

Neben süß, sauer, salzig und bitter kann der Mensch eine fünfte Geschmacksrichtung wahrnehmen: „umami". Eine allgemein akzeptierte Übersetzung für umami gibt es nicht – salopp übersetzt könnte man sagen „lecker".

Früher glaubte man, der Mensch könne nur vier Geschmacksqualitäten – süß, sauer, bitter und salzig – schmecken. Der japanische Chemiker Kikunae Ikeda hat die Wissenschaft eines Besseren belehrt. Er isolierte 1908 aus der Meeresalge Laminaria japonica einen weiteren Geschmack. Als Geschmacksträger identifizierte er Mononatrium-Glutamat, ein Salz der Glutaminsäure. Er gab dieser fünften Geschmacksrichtung den Namen „umami" – was so viel wie wohlschmeckend oder herzhaft bedeutet. Die Lebensmittel-Wirtschaft interessierte sich schon sehr bald für Ikedas Entdeckung. Schließlich war Mononatrium-Glutamat der erste künstlich herstellbare Geschmacksverstärker. So war Ikeda einer der beiden Gründer des heutigen japanischen Unternehmens Ajinomoto, welches die weißen Kristalle zum Patent anmeldete und seither vertreibt. In Asien – vor allem in China – wird Glutamat auch beim Kochen zu Hause als „Würzmittel" eingesetzt. So verbrauchen die Asiaten rund 80 % des weltweit produzierten Glutamats.

Erst im Jahr 2000 wiesen Wissenschafter von der Universität Miami in einer viel beachteten Studie den Rezeptor für umami in den Geschmackszellen nach.

So wurde – spät aber doch – die These von Professor Ikeda bestätigt.

Wer wissen möchte, wie umami schmeckt, kann sich im Asia-Laden das weiße Pulver Glutamat kaufen und es verkosten. Der Geschmack erinnert am ehesten an Fleischbrühe.

Warum kann man bei Chips nicht aufhören zu essen?

Geklärt ist der „Wenn-ich-nur-aufhören-könnte"-Effekt zwar noch nicht zur Gänze. Doch so gibt es einen Grund mehr, um salzig-fette Knabbereien am besten erst gar nicht in den Einkaufswagen zu legen.

Viele Knabber-Fans kennen das Phänomen: Hat man einmal die Packung Kartoffelchips oder Erdnuss-Snips geöffnet, kann man sie nicht mehr weglegen, bevor sie leer ist. Selbst noch so beherrschte Esser scheitern meist kläglich daran, sich mit einer Handvoll des fettigen Knabbergebäcks zu begnügen.

Ob die zugefügten Geschmacksverstärker in den Produkten dazu beitragen, die Lust am Knabberspaß zu steigern, bleibt umstritten. Amerikanische Wissenschaftler stellten 1991 fest, dass glutamathaltige Chips sowohl schneller als auch in größeren Mengen gegessen werden. Vielleicht irritiert Glutamat die Sättigungssignale des Körpers. Die Regulierung des Appetits könnte aus der Balance geraten. Einige Studien unterstützen diese These.

Eher wahrscheinlich ist jedoch, dass das krachende Kauerlebnis, das Knuspern im Mund sowie das Salz den Heißhunger auf Chips verstärken.

Was auch immer der eigentliche Grund sein mag – es lohnt sich auf alle Fälle, nur zur kleinsten Packung zu greifen und diese möglichst mit anderen zu teilen. Nur so kann der unerwünschte Kalorienansturm auf die Fettpölsterchen in Grenzen gehalten werden.

Ist der Geschmacksverstärker Glutamat schädlich?

Liegt keine Überempfindlichkeit gegenüber glutamathaltigen Speisen vor, bleibt der gelegentliche Genuss von Fertigsuppen oder Kartoffelchips sicher ohne Folgen. Setzt man sich aber regelmäßig dem Einheitsaroma von Glutamat aus, kann die Sensibilität für den natürlichen Geschmack von Lebensmitteln verloren gehen.

Viele halten den Aromaverstärker für den Teufel im Essen, der zu maßlosem Schlemmen verführt. Selbst in Fachkreisen wurde jahrelang über die (Un-)Bedenklichkeit des Stoffes debattiert. Der Eiweißbaustein Glutaminsäure und seine Salze (= Glutamate) sind zugelassene Lebensmittel-Zusatzstoffe E 620–E 625. Diese werden in nicht süßen Speisen (z. B. in Wurstwaren, Brühwürfeln, Knabbergebäck, Trockensuppen) eingesetzt, um dem Produkt mehr Würze zu verleihen. Viele Lebensmittel sind von Natur aus glutamatreich (z. B. Tomaten, Parmesan, Sojasoße). Der Eiweißbaustein spielt als Botenstoff im Gehirn beim Verarbeiten von Informationen eine wichtige Rolle. Dafür stellen die Gehirnzellen die benötigte Glutaminsäure selbst her.

Nur bei manchen Personen treten nach exzessivem Genuss von Glutamat pseudoallergische Symptome auf: Hautkribbeln, Herzklopfen, Kopfschmerzen werden als „Chinarestaurant-Syndrom" bezeichnet. In zahlreichen Studien konnte bislang jedoch der ursächliche Zusammenhang zwischen den Beschwerden und der Aufnahme an Glutamat nicht klar belegt werden. Aufgrund der aktuellen wissenschaftlichen Datenlage geben Expertengremien Entwarnung: Ein schädlicher Einfluss von Glutamat auf den Menschen sei nicht nachzuweisen und der Einsatz in Lebensmitteln daher gesundheitlich unbedenklich.

Bleibt dennoch die Tatsache, dass ein Zuviel an Glutamat einen falschen Qualitätseindruck am Gaumen vermittelt.

Ist Paprika besser verträglich, wenn man die Haut entfernt?

Sensible Mägen reagieren oft rebellisch auf den Genuss von rohem Paprika. Wer dennoch auf den Geschmack des wertvollen Gemüses nicht verzichten will, isst es am besten in kleineren Mengen in warmen Gerichten. Oder man zieht dem Paprika vorher die Haut über die Schote.

Es gibt viele Menschen, die nach dem Essen von Paprikaschoten (egal welcher Farbe) Sodbrennen, Aufstoßen, Bauchschmerzen oder andere Magen-Darm-Beschwerden bekommen. Gekocht beziehungsweise geschält werden die Vitamin-C-reichen Schoten jedoch weit besser vertragen. Die Haut des Paprikas ist sehr ballaststoff- bzw. zellulosereich und hart, weshalb sie roh oft nur unzureichend gekaut werden kann. Da können empfindliche Mägen manchmal beleidigt reagieren.

Beim Erhitzen wird die Struktur der Zellulose verändert, das Zellgefüge wird lockerer und der Paprika wird besser bekömmlich.

Am einfachsten entfernt man die Haut folgendermaßen: Paprika halbieren, mit der Hautseite nach oben auf ein Blech legen und bei ca. 200 °C grillen, bis die Haut Blasen wirft. Danach zehn Minuten in einem Plastikbeutel ruhen lassen und die Haut anschließend entfernen.

Man kann die Schoten auch kurz blanchieren und dann die Haut abziehen.

Braucht man täglich eine warme Mahlzeit?

Bleibt die Küche einmal ein paar Tage lang kalt, braucht niemand Mängel zu fürchten. Über längere Zeit hinweg sind warme Mahlzeiten aber sinnvoll, um in den Genuss aller lebensnotwendigen Nährstoffe zu kommen.

Kalte Gerichte bestehen in unseren Breiten üblicherweise aus belegten Broten, gefüllten Semmeln oder fettreichen süßen Snacks aus der Bäckerei. Ernährt man sich ausschließlich davon, kommt vor allem das Gemüse zu kurz. Viele hochwertige Lebensmittel, die nur erhitzt gegessen werden können, bleiben dann links liegen: Kartoffeln, Bohnen, Linsen, Fisch (Ausnahme: Sushi) und Fleisch (Ausnahme: Beef Tartar). Mit dieser Vielfalt in Kombination mit rohem Obst, Salat, Brot und Milchprodukten ist am ehesten gewährleistet, dass der Körper bestens mit allen Nährstoffen versorgt ist. Außerdem werden manche gesundheitsförderliche Inhaltsstoffe erst durch das Erhitzen für den Körper gut verfügbar. Beispiele dafür sind das Lykopin aus Tomaten oder das ß-Carotin aus Karotten. So wird schnell klar: Warme Mahlzeiten bringen einfach mehr Vielfalt in den Essalltag.

Zum Ausgleich kann an Tagen, an denen die Küche kalt bleibt, das Doppeldecker-Brot mit reichlich Radieschen, Kohlrabi oder anderer Rohkost kombiniert werden. Auch ein großer bunter Salat mit Avocadostücken oder geräuchertem Fisch in Begleitung einer dicken Scheibe Vollkornbrot bringt jede Menge Nährstoffe auf den Teller.

Woher kommt der Ausdruck „Käse schließt den Magen"?

Käse enthält meist Fett in nicht zu knapper Menge und hemmt damit die Magenentleerung Richtung Dünndarm. Außerdem interessant: Wer Käse statt des süßen Desserts als Nachtisch wählt, schützt seine Zähne in doppelter Hinsicht aktiv gegen Karies.

Auf zahlreichen Internetseiten findet man ein Zitat des römischen Schriftstellers Plinius, der den Käse angeblich sagen ließ: „Ist der Leib in guter Ruh, schließe ich den Magen zu." Zwar hat Plinius der Ältere einiges über den Käse geschrieben, jedoch sei dieser viel zitierte Satz in den Originalschriften des Gelehrten scheinbar nicht zu finden. Wo auch immer die Redensart herkommt, sie war der Anfang einer langen Tradition, dass Käse den Abschluss einer gelungenen Menüfolge bildet.

Zum Teil wird die Herkunft des Zitats sicherlich mit dem Fettanteil des Käses zu begründen sein. Fett verzögert die Magenentleerung und verlängert damit das Sättigungs-, wenn nicht gar das Völlegefühl.

Besonders in der gehobenen Gastronomie ist Käse als Dessertvariante eine willkommene Alternative für Menschen, die weniger Freude an süßen Nachspeisen haben. Käse statt Süßigkeiten tut den Zähnen Gutes: Einerseits fällt der Zucker als Futter für kariesbildende Bakterien weg. Andererseits sorgt das im Käse enthaltene Kasein gemeinsam mit Kalzium und Phosphat dafür, dass die während des Essens durch Säuren aus dem Zahnschmelz herausgelösten Mineralstoffe wieder ersetzt werden. Käse trägt also zur Remineralisierung des Zahnschmelzes bei und kann so vor Karies schützen.

Was ist Taurin und wie nützlich ist eine zusätzliche Aufnahme?

Die Werbung lässt uns glauben, Taurin als Bestandteil von Getränken würde die körperliche und geistige Leistungsfähigkeit steigern. Nach heutigem Kenntnisstand bringt eine zusätzliche Taurinaufnahme jedoch keinen Nutzen.

Die Aminosulfonsäure Taurin wurde zum ersten Mal in Rindfleisch entdeckt, woher auch der Name stammt (lat. Taurus = Stier). Taurin erfüllt im Körper verschiedene Funktionen, die zum Teil noch immer nicht gänzlich erforscht sind. Es spielt unter anderem als Bestandteil von Gallensäuren eine Rolle im Fettstoffwechsel. Außerdem scheint es für den Aufbau von Nerven und Muskelgewebe in der frühen Kindheit wichtig zu sein, denn auch Muttermilch enthält Taurin.

Nur bei Frühgeburten und bei Patienten unter komplett künstlicher Ernährung kann es zu einem Taurinmangel kommen (Funktionsstörungen des Gehirns, Wachstumsverzögerungen etc.). Ansonsten produziert der Körper selbst aus Aminosäuren ausreichend davon – täglich bis zu 125 mg. Über Fisch und Fleisch gelangt noch zusätzlich Taurin in den Stoffwechsel. Die Taurinzufuhr bei gemischter Kost liegt bei etwa 400 mg pro Tag.

Bei intensiver physischer Aktivität können die Taurinreserven des Körpers absinken. Allerdings konnte bis heute in keiner gut kontrollierten Studie ein konkreter Nutzen einer zusätzlichen Taurinzufuhr nachgewiesen werden. Ein Grund für den Zusatz von Taurin in Getränken dürfte seine geschmacksverstärkende Wirkung sein.

Anfang 2009 belegte ein Gutachten der Europäischen Behörde für Lebensmittelsicherheit (EFSA), dass Taurin in den Mengen, in denen es in Getränken eingesetzt wird, nicht gesundheitsschädlich ist. Eine leistungssteigernde Wirkung darf man sich als Konsument aber nicht erwarten.

Warum soll man nicht nach allen Süßigkeiten sofort Zähne putzen?

Wenn sich manch trotziger Sprössling gegen sofortiges Zähneputzen nach dem Naschen wehrt, kann er seinem Gebiss mitunter instinktiv sogar etwas Gutes tun. Denn erst eine halbe Stunde, nachdem er seinen Zähnen Süß-Saures gegeben hat, sollte er zur Zahnbürste greifen.

Karies entsteht bekanntlich dadurch, dass Bakterien im Mund Kohlenhydrate zu Säuren abbauen, die den Zahnschmelz schädigen. Auch eine direkte Säureeinwirkung (ohne Bakterien) kann den Zahnschmelz durch Erosion schädigen. Schlägt das Milieu im Mund von neutral auf sauer um, wird der Schmelz aufgeweicht und Mineralstoffe werden herausgelöst. Zitronen- und Apfelsäure wirken unter den Fruchtsäuren am stärksten demineralisierend. Besonders erosiv sind saure Drops, Lutscher, Fruchtgummi, Salatmarinaden, Fruchtsäfte und Vitamin-C-Brausen. Nicht zu unterschätzen ist etwa ein ständiger Konsum von Limonaden, Eistee, Cola- und „Wellness"-Getränken über den Tag verteilt. Entmineralisierend darin wirken u.a. Zitronen-, Phosphor-, Ascorbinsäure und Kohlensäure. Diese sind natürlich auch in zuckerfreien Produkten enthalten.

Werden unmittelbar nach dem Genuss säurehaltiger Speisen oder Getränke die Zähne geputzt, kann der Zahnschmelz besonders stark in Mitleidenschaft gezogen werden. Erste Anzeichen dafür sind empfindliche Zahnhälse.

Wer also gerne Orangensaft zum Frühstück trinkt oder ein Marmeladebrot isst, sollte bereits davor oder erst eine halbe Stunde nach dem Frühstück zur Zahnbürste greifen. Um den pH-Wert im Mund schneller wieder auszugleichen, spült man am besten mit Fluoridlösung, Milch oder Wasser. Von Lutschern und Fruchtgummi für Kleinkinder ist der Zahngesundheit zuliebe gänzlich abzuraten.

Kommt Mundgeruch nur von schlechter Zahnhygiene?

Schlechter Atem kann verschiedene Ursachen haben. Nicht immer sind unzureichende Mundhygiene oder Knoblauchgenuss schuld daran.

Selbst ist es einem leider gar nicht bewusst, denn der eigene Mundgeruch wird nicht wahrgenommen. Es gibt vielerlei Gründe für schlechten Atem. Alkohol und Nikotin können im wahrsten Sinne eine „Fahne" hinterlassen. Diese beiden Genussmittel hemmen die Produktion des reinigenden Speichels im Mund. Speichel enthält antibiotische Bestandteile, welche die Bakteriendichte im Mund verringern. Trockener Mund ist ebenso morgens nach dem Aufwachen der Grund für den muffigen Geruch, denn über Nacht wird nur sehr wenig Speichel produziert. Wer großen Hunger hat, riecht ebenfalls nicht nach Rosen, denn im Hungerstoffwechsel bildet der Körper charakteristisch riechende Azeton-Verbindungen.

Was grundsätzlich hilft, ist neben Zähneputzen das konsequente Reinigen der Zahnzwischenräume mit Zahnseide und bei Gelegenheit auch der Zungenoberfläche. Die Zunge ist nämlich ebenfalls eine herrliche Spielwiese für Tausende Mikroorganismen. Diese verursachen dann den übel riechenden Belag, der sehr einfach mit eigens dafür vorgesehenen Zungenbürsten abgeschabt werden kann.

Der positive Effekt des Kaugummis kommt übrigens weniger vom Pfefferminzgeschmack als vielmehr von der anregenden Reaktion auf die Speichelsekretion. Diese bleibt auch in Schuss, wenn ausreichend Wasser getrunken wird, denn Durst ist ebenfalls ein schlechter Partner für frischen Atem.

Zuletzt sei auch noch grüner Tee erwähnt, dessen Polyphenole mithelfen können, das Wachstum von Bakterien in Mund- und Rachenraum zu hemmen.

In diesem Sinne: Viel Wasser, wenig Alkohol, keine Zigaretten, eine gute Zahnbürste und Kaugummikauen nach Zaziki-Genuss! Dann wird man jederzeit gerne geherzt und geküsst.

Kann man anhand von Haaranalysen die Nährstoffversorgung beurteilen?

Die individuelle Versorgung mit Mineralstoffen und Spurenelementen kann man mittels Haaranalysen nicht feststellen. Ebenso sind daraus abgeleitete Diagnosen und Diätempfehlungen unseriös.

Haaranalysen werden von zahlreichen kommerziellen Unternehmen angeboten. Sie sollen die Versorgung mit Mineralstoffen und Spurenelementen der letzten Monate widerspiegeln und Rückschlüsse auf die Schadstoffbelastung des Körpers erlauben. Eine Blutanalyse gäbe im Gegensatz dazu nur Auskunft darüber, wie gut der Körper in den letzten Tagen mit Nährstoffen versorgt wurde. Geschäftstüchtige Anbieter von Haaranalysen haben gleich auch Nahrungsergänzungsmittel in ihrer Produktpalette.

Eine Haaranalyse erlaubt keine Rückschlüsse auf die Versorgung des Körpers mit Mikronährstoffen. Nach derzeitigem Kenntnisstand gibt es keinen Zusammenhang zwischen dem Nährstoffvorkommen im Haar und dem Ernährungszustand. Eine gesicherte Aussage über den Nährstoffstatus kann nur auf Basis verschiedener anderer Messmethoden (unter anderem Bestimmung der Nährstoffkonzentration in Blut und Harn) getroffen werden. Essprotokolle erlauben ebenfalls Rückschlüsse, allerdings nur in Kombination mit einem zweiten Verfahren.

Die Haarmineralanalyse mag zum Nachweis von Drogenkonsum sinnvoll sein. Rückschlüsse auf den Ernährungs- und Gesundheitszustand sind mit dieser buchstäblich haarsträubenden Untersuchungsmethode aber nicht möglich.

Kann man mit Lecithin das Gedächtnis fördern?

Die Verschlechterung des Kurzzeitgedächtnisses kann durch spezielle Lecithin-Präparate nicht aufgehalten werden. Älteren Menschen beziehungsweise deren Angehörigen diesbezüglich Hoffnungen zu machen, ist aufgrund der dünnen wissenschaftlichen Beweislage unseriös.

Lecithin ist ein wichtiger Bestandteil jeder Zellhülle, so auch der Nervenzellen im Gehirn. Es sorgt nicht nur für einen problemlosen Stoffaustausch zwischen den Zellen, sondern darüber hinaus für die reibungslose Weitergabe von Informationen im Gehirn.

Oft wird behauptet, Lecithin könne die Gedächtnisleistung im Alter erhalten oder gar steigern. Dieser Nutzen ist jedoch fraglich, denn bislang konnte dies in keiner Studie klar belegt werden. Eine Studienanalyse von zwölf Lecithin-Arbeiten kam zu folgendem Ergebnis: Die Beweise sind bislang nicht überzeugend und eine zusätzliche Einnahme von Lecithin bei Demenz kann daher nicht empfohlen werden. Zudem ist die Wirkweise auch deshalb fraglich, weil der Lecithinbedarf des Körpers durch die körpereigene Produktion und die Aufnahme über die Nahrung sichergestellt ist. Lecithin kommt als Begleitstoff in Ölen und fettreichen Lebensmitteln wie auch als Emulgator in Fertigprodukten vor. Besonders viel Lecithin enthalten Eidotter, Sojaöl, Nüsse, Fisch, Fleisch, Margarine, Schokolade und Desserts.

Nur eine gute Gehirndurchblutung (durch körperliche Aktivität und ausreichende Flüssigkeitszufuhr) sowie mentales „Training" können dem geistigen Abbau vorbeugen. Auch Omega-3-Fettsäuren aus Fisch und das B-Vitamin Folsäure (unter anderem aus grünem Blattgemüse) scheinen eine wichtige Rolle bei der Prävention von Demenz zu spielen.

Schützt Vitamin C wirklich vor Erkältungen?

Die regelmäßige Einnahme von hoch dosiertem Vitamin C soll Erkältungskrankheiten vorbeugen. Der Zusammenhang lässt sich aber wissenschaftlich nicht nachweisen, wie eine umfangreiche Analyse zeigte.

Die Diskussion, ob Vitamin C vor Husten, Schnupfen und Heiserkeit schützen kann oder nicht, wird seit mehr als einem halben Jahrhundert kontrovers geführt. Mediziner der Universität von Helsinki analysierten nun 55 Studien der Jahre 1940 bis 2004. Sie wollten herausfinden, ob eine tägliche Einnahme von mindestens 200 mg Vitamin C Erkältungen vorbeugt. Die Analyse der Studien ergab, dass Vitamin C auch in einer hohen Dosis von 2 g pro Tag nicht halten kann, was man sich dadurch erhofft. Lediglich bei Extremsportlern oder Personen, die extremer Kälte ausgesetzt waren, wie etwa Schifahrer, zeigte sich ein Schutzeffekt durch das Vitamin. Zwar fanden die Forscher Hinweise darauf, dass sich die Dauer und Schwere der begleitenden Symptome durch Vitamin C leicht verringern lasse, der Nutzen einer vorbeugenden Einnahme von hoch dosiertem Vitamin C ist aber mehr als fragwürdig. Hilfreich wirkt es nur dann, wenn zuvor eine Unterversorgung vorlag. Das ist in Österreich nur bei sehr wenigen Menschen der Fall, denn das Vitamin kommt als Konservierungsmittel (Ascorbinsäure) in vielen Produkten – sogar in Wurstwaren – zum Einsatz.

Wenn erst einmal die Nase läuft und der Hals kratzt, unterstützen Vitamin-C-reiche Obst- und Gemüsesorten wie Kiwis, Zitrusfrüchte, grüner Paprika, Sauerkraut, Rote Rüben und Kartoffeln das Immunsystem. Der routinemäßige Griff zu teuren Supplementen ist aber nicht nötig.

Kann ich beim Essen das Weltklima schonen?

Der Einfluss unserer täglichen Essgewohnheiten auf das Klima wird sehr oft unterschätzt. Dabei beträgt der Anteil der Ernährung am Gesamtausstoß von Treibhausgasen rund 20 %. Bioprodukte aus der Region und ein fleischarmer Essalltag entlasten das Klima dabei am effektivsten.

Der Klimawandel wird zunehmend zum weltweiten Problem. Um die globale Erwärmung einzuschränken, kann jeder Einzelne einen Beitrag leisten – das beginnt beim Heizen und endet beim Essen. Wer sich „klimaoptimiert" ernähren will, beherzigt am besten die folgenden Tipps:

Weniger vom Tier! Zwei Portionen Fleisch pro Woche, die maximal so groß sind wie der eigene Handteller, schonen die Umwelt. Satt werden vom Brot und nicht von dem, was drauf- oder drinliegt.

So viel wie möglich aus Biolandbau! Sofern es die Brieftasche erlaubt, sind Bioprodukte konventionellen vorzuziehen. Die lebensmittelbedingten Emissionen können alleine damit um ein Drittel gesenkt werden.

Saisonal essen, denn Glashausware hinterlässt einen großen CO_2-Fußabdruck! Spargel im Mai, Erdbeeren im Juni, Tomaten im August und Kohlsprossen im November sind aromatisch, preisgünstig und klimafreundlich.

Frische, gering verarbeitete Produkte bevorzugen! Besonders Tiefkühlprodukte verursachen durch den hohen Energieaufwand bei Kühlung, Transport und Lagerung erhebliche Treibhausgas-Emissionen.

Regional einkaufen! Heimische Lebensmittel sind meist nur kurz gelagert und haben dank des kurzen Transportweges einen kleineren CO_2-Rucksack am Buckel. Eine Ausnahme stellen pflanzliche Produkte aus beheizten Glashäusern dar.

So viel Verpackung wie nötig, aber so wenig wie möglich! Wieder verschließbare Großpackungen sind billiger und machen weniger Müll als Einzelportionen. Ja zu Pfandflaschen bei Mineralwasser und Bier, nein zu Aludosen bzw. -kapseln bei Getränken und Kaffee.

Erstaunliches

Sind synthetische Vitamine weniger wirksam als natürliche?

Dem Körper ist es gleichgültig, ob man ihm synthetische Vitamine oder natürliche zuführt. Die Substanzen sind – bis auf wenige Ausnahmen – chemisch absolut identisch. Im Zusammenspiel mit anderen Lebensmittel-Inhaltsstoffen wirken natürliche Vitamine aber am besten.

„Wenn schon zusätzliche Vitamine, dann aus natürlichen Quellen", sind viele überzeugt. Dieser Aussage fehlt aber die wissenschaftliche Basis. Vitamine haben eine bestimmte chemische Struktur, um überhaupt wirken zu können. Aber nicht immer lässt sich die Natur im Labor nachahmen. Im Fall von Vitamin E ist es bislang nicht gelungen, eine Kopie anzufertigen. Natürliches Vitamin E ist daher tatsächlich besser verfügbar als im Reagenzglas hergestelltes. Auch beiß-Carotin weicht die chemische Struktur der synthetischen Variante von der natürlichen Form ab.

Zudem beruht der schützende Effekt pflanzlicher Lebensmittel nicht auf einzelnen Substanzen, sondern auf der Gesamtheit aller Inhaltsstoffe. Ein Nährstoff-Präparat enthält oft nur einzelne Substanzen, wodurch diese positiven Synergieeffekte nicht erzielt werden können. Ein Beispiel: 100 g des in einer Studie untersuchten frischen Apfels enthielten zwar nur 5,7 mg Vitamin C, besaßen aber die gleiche antioxidative Kapazität wie 1 500 mg des reinen Vitamins. Denn im Apfel finden sich neben Vitamin C noch jede Menge sekundäre Pflanzenstoffe, die ebenfalls als Antioxidationsmittel wirken. Der Körper braucht also nicht nur das Vitamin C, sondern den ganzen Apfel.

Eine isolierte Gabe von Nährstoffen birgt immer auch die Gefahr der überhöhten Zufuhr. Das gilt auch für Nährstoffe, die aus Früchten und Gemüse extrahiert und in Pulver- oder Kapselform angeboten werden. So können antioxidativ wirksame Vitamine zum Beispiel hoch dosiert auch die Bildung von schädlichen freien Radikalen fördern. Werden Vitamine im natürlichen Verband mit Lebensmitteln aufgenommen, besteht diese Gefahr nicht.

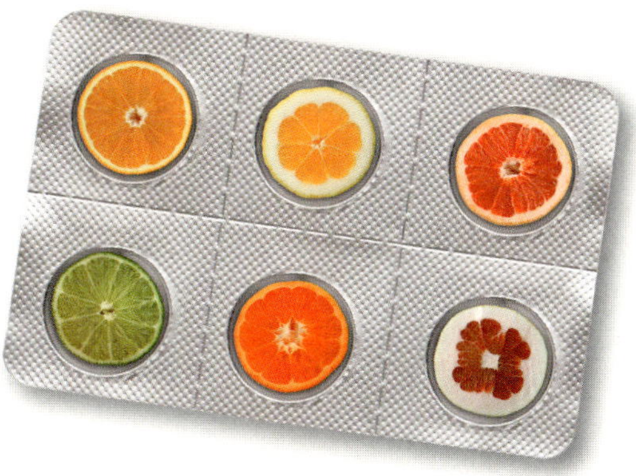

Warum nicht alles mager endet, was mit „Topfen" beginnt?

Der Energie- beziehungsweise Fettgehalt von verarbeiteten Topfenprodukten ist nicht zu unterschätzen. Als Zwischenmahlzeit sind etwa Topfengolatschen viel zu kalorienreich. Sie können bei regelmäßigem Konsum die Fettpölsterchen an Taille und Hüften nähren.

Für viele figurbewusste Esser steht das Wort „Topfen" für den Inbegriff an mageren Lebensmitteln und Speisen. In der Tat ist Topfen an sich je nach Fettstufe ein durchaus fettarmes Produkt. Wird er jedoch zu Mehlspeisen und Desserts verarbeitet, gesellen sich leider meist große Fettmengen dazu, die den Kalorienzeiger nach oben schnellen lassen. Ein paar Beispiele gefällig? Terror-Alarm auf Bikinifigur und Waschbrettbauch lösen die herrlich knusprigen Golatschen aus Plunder- oder Blätterteig aus. Da kann es schon sein, dass eine Topfengolatsche ähnlich üppig wie eine Hauptmahlzeit zu B(a)uche schlägt. In Topfentorten verstecken sich zusätzlich zum Topfen fast immer große Schlagobersmengen, sodass diese Mehlspeise ebenfalls nicht wirklich „leichter" ausfällt als eine Schokoladentorte.

Wer dennoch nicht auf den süßen Genuss verzichten will, greift am besten zu Mehlspeisen aus Strudelteig oder Hefeteig. Hier halten sich Kalorien und Fett noch in annehmbaren Maßen.

Nährwertangaben ausgewählter Bäckereien

Hersteller/Produkt	kcal/100 g	Fett in g/100 g	Portions-größe	Nährwerte pro Stück
Topfengolatsche (aus Plunderteig)				
Anker	423	26,6	135 g	571 kcal, 36 g Fett
Der Mann	323	18,7	100 g	323 kcal, 19 g Fett
Felber	405	24,4	110 g	446 kcal, 27 g Fett
Ströck	404	23,2	140 g	566 kcal, 32 g Fett
Quarktasche				
Müller-Brot	372	22,1	130 g	502 kcal, 30 g Fett
Topfenstrudel (aus gezogenem Strudelteig)				
Anker	242	11	k. A.	k. A.
Felber	242	1	200 g	484 kcal, 2 g Fett
Ströck	219	9,1	190 g	416 kcal, 17 g Fett

(abgerufen auf den Internetseiten der Hersteller am 20.03.2009)

Ist Olivenöl das „gesündeste" Öl?

Groß angelegte, von der EU mitfinanzierte Kampagnen preisen Olivenöl als das gesündeste Öl für die menschliche Ernährung. Im Direktvergleich der Inhaltsstoffe schneidet es aber sogar schlechter ab als zum Beispiel heimisches Rapsöl.

Eine ambitionierte Image-Kampagne zur Förderung des Olivenölverbrauchs, in die rund 35 Millionen Euro an EU-Geldern flossen, trug Früchte. Olivenöl gilt unter (Hobby-) Köchen als das beste Öl. Auch das wissenschaftliche Interesse an Olivenöl ist groß. Das geringe Auftreten von Herz-Kreislauf-Erkrankungen in Ländern mit hohem Olivenölverzehr wird gerne mit dem hohen Anteil an der einfach ungesättigten Ölsäure in Verbindung gebracht. Einfach und vor allem mehrfach ungesättigte Fettsäuren lassen das „gute" HDL-Cholesterin ansteigen und das „schlechte" LDL-Cholesterin sinken. Gesättigte Fettsäuren erhöhen das LDL-Cholesterin. Vergleicht man das Fettsäuremuster von Olivenöl mit anderen Ölsorten, zeigt sich: Olivenöl hat zwar den höchsten Anteil an einfach ungesättigten Fettsäuren, wird aber hinsichtlich des Gehalts an mehrfach ungesättigten Fettsäuren übertrumpft. Dafür hat es den höchsten Anteil an ungünstigen gesättigten Fettsäuren. Einmal mehr gilt daher als oberstes Motto: „Abwechslung ist Trumpf!"

Vergleich der Fettsäure-Zusammensetzung ausgewählter Ölsorten

Ölsorte	Fettsäuren		
	gesättigte	einfach ungesättigte	mehrfach ungesättigte
Rapsöl	7 %	58 %	32 %
Olivenöl	14 %	71 %	9 %
Maiskeimöl	13 %	26 %	56 %
Sonnenblumenöl	11 %	20 %	64 %

Quelle: Souci/Fachmann/Kraut: Die Zusammensetzung der Lebensmittel 2008

Warum soll man Orangen besser essen als trinken?

Gesundheitsbewusste Genießer trinken gerne regelmäßig ein Glas Orangensaft. Wer die Orange aber mitsamt der weißen Innenhaut isst, stärkt seinen Körper durch besonders wirksame Flavonoide.

Jedes Kind weiß, dass Vitamin C aus dem Orangensaft gut für funktionsfähige Abwehrkräfte ist. Dazu muss man gleich einmal mit einem Vorurteil aufräumen: Falls man bereits ausreichend mit Vitamin C versorgt war, kann eine zusätzliche Einnahme den Ausbruch einer Erkältung nicht verhindern.

Doch nicht nur aus diesem Grund ist die Orange, genau wie ihre Verwandten aus der Familie der Zitrusfrüchte, zu empfehlen. Denn die süß-säuerlichen Früchtchen, die uns so wunderbar über die obstkarge Winterzeit bringen, haben es richtig in sich.

Die innere weiße Haut sowie das Fruchtfleisch von Orange, Mandarine, Clementine und Co. glänzen nämlich durch besonders wirkungsvolle Flavonoide aus dem Reich der sekundären Pflanzeninhaltsstoffe. Diese Flavonoide haben bereits in geringen Konzentrationen eine hohe antimikrobielle Wirkkraft. Neuere Studien lassen zudem vermuten, dass die wertvollen inneren Schalenbestandteile vor Krebs und erhöhtem Blutcholesterin schützen können.

Insgesamt lohnt es sich aber in jedem Fall, die schmackhaften Zitrusfrüchte zu essen statt sie zu trinken. Denn ganz nebenbei wandern damit noch Ballaststoffe in den Magen. Die Sättigung hält dann länger an als nach einem schnellen Glas Saft.

Glossar

Kleiner Küchendolmetscher

Österreichisch – Deutsch

Karfiol = Blumenkohl
Karotte = Möhre
Kohlsprossen = Rosenkohl
Leberkäse = Fleischkäse
Marmelade = Konfitüre
Orange = Apfelsine
Rote Rübe = Rote Bete
Rotkraut = Rotkohl
Rucola = Rauke
Schlagobers = Schlagsahne
Semmel = Brötchen
Topfen = Quark
Topfengolatsche = Quarktasche; typische böhmisch-österreichische Mehlspeise aus Plunder- oder Blätterteig
Vogerlsalat = Feldsalat
1 Stamperl Schnaps = 2 cl Schnaps

In meiner
GESUNDHEIT
finde ich mich wieder
JEDEN MONAT NEU IN IHRER TRAFIK
BESTELLEN SIE JETZT IHR KOSTENLOSES PROBEEXEMPLAR
Abo-Hotline
Tel.: +43/(0)1/740 40 78 17
Fax: +43/(0)1/740 40 78 13
E-Mail: gesundheit@intime-services.at
www.gesundheit.co.at
GESUNDHEIT
JETZT NEU
Geschafft!
Ich habe mich selbst geheilt
Knochenhart
Strategien gegen Osteoporose
Der kurze Atem
MAGIE DES AUGENBLICKS
Das Magazin für Ihre Gesundheit und Lebensqualität